Poderoso livro de
ORAÇÕES

Poderoso livro de ORAÇÕES

8ª edição
3ª reimpressão

Rio de Janeiro
2020

Produção editorial
Pallas Editora

Revisão
Wendell S. Setúbal
Heloisa Brown

Diagramação
Vera Barros

Capa
Renato Martins

Fotolito de capa
Minion Tipografia

Todos os direitos reservados à Pallas Editora e Distribuidora Ltda. É vedada a reprodução por qualquer meio mecânico, eletrônico, xerográfico etc., sem a permissão por escrito da editora, de parte ou totalidade do material escrito.

CIP-BRASIL. CATALOGAÇÃO-NA-FONTE.
SINDICATO NACIONAL DOS EDITORES DE LIVROS, RJ.

L798p

O poderoso livro das orações – 8ª ed. revista e ampliada – Rio de Janeiro: Pallas, 2007.

18 cm

ISBN 978-85-347-0287-4

1, Orações, 2. Livro de Orações. I. Título.

86-0751

CDD 242
CDU 243

Pallas Editora e Distribuidora Ltda.
Rua Frederico de Albuquerque, 56 – Higienópolis
CEP 21050-840 – Rio de Janeiro – RJ
Tel./fax: (021) 2270-0186
www.pallaseditora.com.br
pallas@pallaseditora.com.br

SUMÁRIO

Apresentação ✽ 7

Orações para todos os dias ✽ 11

Orações e devoções à Santíssima Trindade ✽ 23

Orações e devoções a Nossa Senhora ✽ 49

Orações aos anjos e arcanjos ✽ 93

Orações e devoções aos santos ✽ 99

Orações às almas ✽ 193

Santos dos dias ✽ 197

APRESENTAÇÃO

A reedição de *O Poderoso Livro de Orações,* revista e ampliada, vem ao encontro de atender aos inúmeros pedidos recebidos por nossa equipe para que fizéssemos um livro mais abrangente e explicativo dedicado aos fiéis fervorosos ou não.

Iniciado o processo de reorganização, buscamos compreender quem seria o público alvo de nosso trabalho e os motivos pelos quais se interessaria por esse assunto, nos dias atuais. E qual não foi a nossa surpresa ao nos depararmos com o fato de que, hoje, mais do que nunca, as pessoas buscam apoio na religião, sobretudo na oração para atender às mais diferentes finalidades: reza-se para aliviar a dor ou pedir uma graça; para resolver a vida amorosa ou para agradecer a um pedido atendido; para aquele "santo forte" capaz de ser o mediador entre o Criador e a Criatura; enfim, para falar diretamente com Deus e tentar resolver aqueles problemas difíceis do cotidiano e, surpreendentemente, rezam até aquelas pessoas que não têm uma religião definida, mas que fervorosamente acreditam na vida e em uma força suprema que pode ser alcançada por intermédio da oração interior, feita em qualquer lugar, a qualquer hora, mas nem por isso menos solene e confiante.

Rezar, afinal, é estabelecer uma comunicação com o além, com uma Instância Superior, não importando a religião da pessoa, pois cada uma delas tem seu próprio repertório de cânticos e orações.

Com esse objetivo, o livro foi reestruturado tomando-se por base o material já existente e somando-se a esse novos conteúdos. As orações foram organizadas em grupos, de acordo com os assuntos aos quais são dedicadas, como por exemplo, às Pessoas da Santíssima Trindade, à Virgem Maria, aos anjos e aos santos; foram acrescentadas pequenas notas biográficas que permitem ao leitor conhecer um pouco sobre a vida do santo de sua devoção e identificar o santo que melhor pode atendê-lo em algum problema de emergência. Também foram adicionadas novas orações e alguns santos muito conhecidos hoje em dia, que não poderiam ser esquecidos nessa atualização. Trouxemos também informações relativas às muitas denominações de Maria Santíssima e às comemorações relacionadas às Pessoas da Santíssima Trindade, bem como um calendário litúrgico com as datas votivas de vários santos venerados em cada dia do ano. Outra novidade diz respeito à explicação de como são realizadas certas devoções, como o rosário, a via-sacra, as novenas e a liturgia das horas, que nas versões antigas eram apresentadas de forma pouco explícita.

Como lembrete aos leitores, explicamos que, por esta coletânea referir-se a orações católicas, tomamos o cuidado de organizá-la seguindo o padrão dos devocionários oficiais da Igreja, embora tenhamos privilegiado alguns aspectos das devoções populares. Dessa forma, pretendemos colaborar com aqueles que desejam aperfeiçoar-se na prática da oração como uma devoção não supersticiosa, mas recuperando seu verdadeiro sentido espiritual.

Assim, esperamos que esta nova edição leve a cada um dos leitores as bênçãos de Deus e todas as riquezas espirituais proporcionadas pela luz do Espírito Santo.

Os Editores

ORAÇÕES PARA TODOS OS DIAS

Pai-Nosso

Pai nosso, que estais no céu, santificado seja o vosso nome. Venha a nós o vosso reino. Seja feita a vossa vontade, assim na terra como no céu. O pão nosso de cada dia nos dai hoje. Perdoai as nossas ofensas, assim como nós perdoamos a quem nos tem ofendido. Não nos deixeis cair em tentação, mas livrai-nos do mal. Amém.

Ave-Maria

Ave, Maria, cheia de graça, o Senhor é convosco. Bendita sois vós entre as mulheres e bendito é o fruto do vosso ventre, Jesus. Santa Maria, Mãe de Deus, rogai por nós, pecadores, agora e na hora da nossa morte. Amém.

Glória ao Pai

Glória ao Pai, ao Filho e ao Espírito Santo. Como era no princípio, agora e sempre. Amém.

Salve-Rainha

Salve, Rainha, mãe de misericórdia, vida, doçura, esperança nossa, salve! A vós bradamos, os degredados filhos de Eva. A vós suspiramos, gemendo e chorando neste vale de lágrimas. Eia, pois, advogada nossa, esses vossos olhos misericordiosos a nós volvei, e depois deste desterro mostrai-nos Jesus, bendito fruto do vosso ventre, ó clemente, ó piedosa, ó doce sempre Virgem Maria.

Rogai por nós, Santa Mãe de Deus.

Para que sejamos dignos das promessas de Cristo.

Sinal da Cruz

Em nome do Pai, do Filho e do Espírito Santo. Amém.

'Faz-se um sinal da cruz na testa, pedindo a Deus a capacidade de compreender a palavra divina revelada no Evangelho. Faz-se um segundo sinal na boca, pedindo que ela possa proclamar a boa nova. Faz-se o terceiro sinal no peito, pedindo para guardar no coração e viver no dia a dia a mensagem de Cristo.'

Credo

Creio em Deus Pai, todo-poderoso, criador do céu e da terra; e em Jesus Cristo, seu único filho, nosso Senhor, que foi concebido pelo poder do Espírito Santo; nasceu da Virgem Maria; padeceu sob Pôncio Pilatos; foi crucificado, morto e sepultado; desceu à mansão dos mortos; ressuscitou ao terceiro dia; subiu ao céu e está sentado à direita de Deus Pai, todo-poderoso, de onde há de vir a julgar os vivos e os mortos. Creio no Espírito Santo, na santa Igreja Católica, na comunhão dos santos, na remissão dos pecados, na ressurreição da carne e na vida eterna. Amém.

Oração do Amanhecer

Senhor, no silêncio deste dia que amanhece, venho pedir-Te paz, sabedoria, força, saúde e prosperidade. Quero ver o mundo com os olhos cheios de amor; ser paciente, compreensivo, prudente. Quero ver os meus irmãos além das aparências, como Tu mesmo os vês, e assim não ver senão o bem em cada um. Cerra meus ouvidos a toda calúnia. Guarda minha língua de toda a maldade. Que o meu espírito se encha só de bênçãos. Que eu seja tão bondoso e alegre, que todos quantos se chegarem a mim sintam Tua presença. Reveste-me de Tua beleza, Senhor, e que no decurso deste dia eu Te revele a todos. Amém.

Oração para a Hora de Levantar

Pai misericordioso, eu vos ofereço todas as boas ações deste dia. Fazei por vossa misericórdia que elas sejam reguladas pela vossa lei. Não deixeis, Senhor, que eu caia em tentação, e perdoai todas aquelas a que eu venha a ceder, hoje, amanhã e sempre. Dai-me um coração sincero e humilde, cheio de fé, esperança e amor. Por Jesus Cristo, Nosso Senhor. Amém.

Oração de Agradecimento pelo Dia que Começa

Agradeço-Te, Pai, por este dia, que é uma dádiva sem preço. Enche-me de júbilo, confiança, sabedoria e energia, para que eu viva cada momento em perfeita plenitude.

Agradeço-Te, Pai, pelo amor que será expresso para comigo hoje, o amor dos que me são queridos, a afabilidade daqueles com quem me encontro. Ajuda-me a demonstrar amor e afabilidade para com os outros.

Agradeço-Te, Pai, pelo Teu amoroso cuidado e pela compreensão de que, através de todo este dia, Tu estarás comigo. Estou cheio da Tua luz e do Teu amor!

Agradeço-Te, Pai, pelas mudanças que possam advir hoje em minha vida. Faz com que, através da mudança, novas e ricas avenidas do bem me sejam reveladas. Sei que, na medida em que me defronto com uma nova mudança, num espírito de fé, na expectativa do bem, estou ganhando em crescimento espiritual. Ajuda-me a aceitar o bem que a mudança me traz. Amém.

Oração do Meio-dia

Ó Virgem dos céus sagrados, Mãe do nosso Redentor, que entre as mulheres tens a palma, trazei alegria à minha alma, que geme cheia de dor. Vem depor nos meus lábios palavras de puro amor. Em nome do Deus dos mundos e também do Filho amado, faz que, nesta hora bendita, o Senhor seja louvado. Amém.

Oração para Antes das Refeições

Abençoai, Senhor, a nós que nos reunimos em torno desta mesa, e a esta comida que Vossa bondade nos concedeu. Dignai-Vos socorrer os necessitados e reunir-nos a todos na mesa do Vosso reino. Em nome do Pai, do Filho e do Espírito Santo. Amém.

Oração para Depois das Refeições

Nós vos agradecemos, Senhor, por nos terdes alimentado com os dons da Vossa providência. Permiti que os efeitos benéficos deste alimento sirvam igualmente para o nosso corpo e para o nosso espírito. Amém.

Oração do Anoitecer

Boa noite, Pai. Termina o dia e a Ti entrego meu cansaço. Obrigado por tudo: pela esperança que hoje animou meus passos; pela alegria que vi no rosto das crianças; pelos exemplos que recebi; pelos sofrimentos que passei; pela luz, pela noite, pela brisa, pela comida, pelo meu desejo de superação. Obrigado Pai, porque me deste uma Mãe!

Perdão, também, Senhor. Perdão por meu rosto carrancudo; perdão porque não me lembrei de que não sou filho único, mas irmão de muitos. Perdão, Pai, pela falta de colaboração e serviço, e porque não evitei que meu irmão derramasse uma lágrima e sofresse um desgosto. Perdão por todos aqueles que não sabem pedir perdão nem servir ao próximo. Perdoa-me, Pai, e abençoa os meus propósitos para o dia de amanhã. Que ao despertar me invada novo entusiasmo; que o dia de amanhã seja um ininterrupto sim vivido conscientemente. Boa noite, Pai. Até amanhã.

Oração para a Hora do Repouso

Meu Deus! Mais um dia se passou da minha curta existência terrena. Vossa infinita bondade vai conceder-me o sono necessário para que eu repare as forças que perdi. Consenti, pois, que, durante esses momentos, minha alma seja fortalecida pelos conselhos dos espíritos bem-aventurados e deles obtenha as necessárias luzes para reconhecer os meus defeitos e, buscando emendá-los, não mais cometer injustiças. E vós, meu Anjo da Guarda, fazei com que eu possa compreender os conselhos dos bons espíritos e que, ao acordar, conserve deles nítida, duradoura e salutar memória. Amém.

Oração da Noite

Ó meu bom Anjo da Guarda, esteja ao meu lado agora, e venha sempre a esta hora livrar-me das más visões. Que Deus guarde a minha alma de algum pecado mortal, e evite os sonhos e ideias que façam mal aos meus irmãos. Ó meu bom Anjo da Guarda, pede à Virgem, nossa Mãe, que me afaste do pecado por toda a vida. Amém.

Oração para a Hora de Dormir

Com Deus me deito, com Deus me levanto, com a graça de Deus e do Divino Espírito Santo. Que a Virgem Nossa Senhora me cubra com o seu manto. Se eu coberto com ele for, não terei medo nem pavor, nem de coisa deste mundo nem se do outro mundo for. Oh, meu Jesus, perdoai-me. Livrai-me do fogo do inferno, levai as almas para o céu, e socorrei os necessitados. Amém.

Ato de Fé

Deus todo-poderoso, creio sinceramente em todas as verdades que nos revelastes. Creio na Santíssima Trindade e nas pessoas de Deus Pai, seu Filho nosso Redentor e o Divino Espírito Santo.

Ato de Esperança

Senhor, tenho a firme esperança de que Vós me dareis a salvação eterna e as graças necessárias para alcançá-la, como prometestes a todos que seguissem vossos mandamentos e os ensinamentos de Jesus nosso redentor.

Ato de Caridade

Eu Vos amo, meu Deus, de todo o meu coração e sobre todas as coisas, porque sois infinitamente bom e amável; e antes prefiro perder tudo do que Vos ofender.

Por amor de Vós, amo o meu próximo como a mim mesmo.

Ato de Contrição

Senhor! Vós que sois infinitamente misericordioso e bom, que sois todo amor, ouvi-me! Perdoai-me, Senhor, pois contra Vós tenho pecado muito, mas me arrependo e não quero pecar mais.

Prece de Cáritas

Deus, nosso pai, que tendes poder e bondade, dai a força àquele que passa pela provação, dai a luz àquele que procura a verdade, pondo no coração do homem a compaixão e a caridade. Deus, dai ao culpado o arrependimento, dai ao espírito a verdade, dai à criança o guia, ao órfão o pai. Senhor, que a Vossa bondade se estenda sobre tudo que criastes.

Piedade, meu Deus, para aquele que não Vos conhece, esperança para aquele que sofre. Que a Vossa bondade permita hoje aos espíritos consoladores derramarem por toda a parte a paz, a esperança e a fé.

Deus, um raio, uma faísca do Vosso amor pode abrasar a terra; deixai-nos beber na fonte dessa bondade fecunda e infinita, e todas as lágrimas secarão, todas as dores se acalmarão; e um só coração, um só pensamento subirá até Vós, como um grito de reconhecimento e amor.

Como Moisés sobre a montanha, nós esperamos com os braços abertos para Vós, oh! poder, oh! bondade, oh! beleza, oh! perfeição, e queremos de alguma sorte forçar Vossa misericórdia.

Deus, dai-nos a força de ajudar o progresso a fim de subirmos até Vós. Dai-nos a caridade pura, dai-nos a fé e a razão. Dai-nos a simplicidade, que fará de nossas almas o espelho onde deve refletir a Vossa imagem.

Oração por um Favor Obtido

Deus de infinita bondade! Que Vosso nome seja bendito, pelo benefício que me tendes concedido. Eu reconheço, Senhor, que todo o bem de Vós dimana e ingrato seria se atribuísse ao acaso ou ao mérito próprio o que ora me concedestes.

Espíritos bem-aventurados, executores da vontade de Deus, e vós, sobretudo, meu anjo da guarda, aceitai meu reconhecimento. Desviai de mim os pensamentos de vaidade e orgulho, e permiti que, com o vosso auxílio, possa eu empregar-me sempre em atos meritórios.

Senhor meu Deus, eu vos agradeço.

Oração para um Amigo

Ó Espírito Infinito, ó Uno, que és sem nascimento e sem morte, onisciente, onipresente, onipotente, em cujo oceano de vida somos uma gota, deixa-nos compreender cada vez mais vivamente o que Tu és, e o que nós somos em Ti. Que a consciência da Tua realidade, e da nossa realidade em espírito, penetre todo o nosso ser, e desça sobre todos os planos da nossa mente.

Que o poder de Deus se manifeste através da nossa mente, penetrando o corpo de... (mencionar o nome do amigo), reconstituindo nele a saúde, a força e a vida, para que venha a ser um templo mais conveniente do Espírito – um instrumento mais perfeito de expressão para a vida una que flui através dele.

Eleva este corpo das vibrações grosseiras dos planos inferiores, às vibrações superiores da Mente Espiritual, por meio da mente que anima, essa Paz, Força e Vida, que é sua por causa do seu ser.

Flui Tu, ó Vida do Todo, em tua essência, através deste corpo, vivificando-o e vitalizando-o.

Nós te pedimos, ó Espírito Universal, porque sabemos que temos esse direito, por termos nascido de Ti, e pela razão da Tua promessa e do conhecimento interno que nos foi dado.

Assim seja!

Oração pelos Doentes

Senhor, Vós que miraculosamente curastes tantos doentes, olhai com amor para todos os enfermos do mundo. Permiti-nos que Vos apresentemos esses doentes, como outrora eram apresentados aqueles que necessitavam e solicitavam o Vosso auxílio, quando vivíeis nesta terra.

Eis aqueles que desde muito tempo são provados pela doença, e não veem o fim de sua provação. Eis os que subitamente ficaram paralisados pela enfermidade e tiveram que renunciar às suas atividades e ao seu trabalho. Eis os que têm encargos de família e não conseguem mais responder por eles, por causa de seu estado de saúde.

Eis os que sofrem muito em seu corpo e em sua alma por causa de uma doença que os acabrunha. Eis os que estão deprimidos por seus desgastes de saúde e cuja coragem precisa ser reerguida.

Eis todos os doentes que amais, todos os que reclamam o Vosso apoio e a melhora de seu estado. Eis todos aqueles cujos corpos feridos tornam-se semelhantes ao Vosso corpo imolado sobre a cruz. Senhor, que a Vossa misericórdia caia sobre todos os enfermos do mundo. Amém.

(Rezar três Pais-Nossos, três Ave-marias e três Glória ao Pai.)

ORAÇÕES E DEVOÇÕES À SANTÍSSIMA TRINDADE

A crença central do cristianismo é o mistério do Deus único formado por três pessoas, Pai, Filho e Espírito Santo. Deus é eterno e incriado, onipotente e onisciente. Deus é a fonte do bem e da perfeição. Como Pai, é o criador de tudo que existe e se manifesta nessa criação como vontade, providência e amor, governando o mundo e cuidando de suas criaturas. Vêm de Deus os dez mandamentos que são: amar a Deus sobre todas as coisas; não usar Seu nome em vão; respeitar os dias de comunhão com Deus; honrar os pais; não matar; não pecar contra a castidade; não roubar; não levantar falso testemunho; não trair o próximo; não cobiçar as coisas alheias.

O Espírito Santo é o amor que emana do Pai e do Filho. Seus dons são: sabedoria, entendimento, conselho, fortaleza, ciência, piedade e temor de Deus.

Deus Filho, personificado em Cristo, é o Verbo, a palavra, a imagem intelectual de Deus. O Filho foi criado como homem para que pudesse, por seu sacrifício, redimir a humanidade. Jesus, em sua vida terrena, criou os sacramentos cristãos (batismo, confirmação, confissão, comunhão, matrimônio, ordenação e unção) e divulgou as bem-aventuranças evangélicas (humildade de espírito, mansidão, piedade, fome e sede de justiça, misericórdia, pureza de coração, sacrifício em nome da justiça).

Enquanto o Pai e o Espírito Santo assumem uma só forma, sendo apenas vivenciados como luz e amor, o filho, por causa de sua vida terrena, é conhecido sob várias formas diferentes, todas elas objetos de devoção. Como recém-nascido, aparece no presépio que, no tempo de Natal, lembra sua origem humilde. Como Jesus menino, é visto, por exemplo, junto com Maria e José, na Sagrada Família, e como o Menino Jesus de Praga, uma de suas representações mais conhecidas; e em aparições famosas, como a que ocorreu a Santo Antônio. Como adulto surge em pregações, peregrinações e milagres, anunciando a vinda do Reino de Deus. Como sofredor é visto nos passos do calvário, uma das principais devoções cristãs, da qual nos vêm várias das suas imagens: aí vemos Jesus açoitado e humilhado, sangrando com a coroa de espinhos; o Senhor dos Passos, carregando a cruz; e o Senhor do Bonfim, preso à cruz. Finalmente, após a crucifixão, encontramos o Senhor Morto, deitado em seu sepulcro; Cristo Triunfante, subindo ao céu após a ressurreição; Cristo Rei, sentado ao lado do Pai em seu trono celeste; e mostrando seu Sagrado Coração.

As celebrações litúrgicas relacionadas com as pessoas da Santíssima Trindade constituem dois grandes ciclos: o do Natal e o da Páscoa. O ciclo do Natal começa no Advento, que é o domingo mais próximo do dia 30 de novembro, o início do período de preparação para o nascimento de Jesus. A festa seguinte é a do Natal, constituída pela vigília da véspera, a 24 de dezembro, e pelo Natal propriamente dito, que começa com a missa realizada à zero hora do dia 25. No dia 1º de janeiro era lembrada, antigamente, a solenidade da circuncisão de Jesus, ritual judaico realizado quando o menino completa uma semana de vida. No dia 6 de janeiro é comemorada a Epifania de Jesus, ou seja, sua revelação para o mundo, através da visita dos Reis Magos que o identificam como o Messias. No domingo após a Epifania, é comemorado o batismo de Jesus por São João. Finalmente, no dia 2 de fevereiro é lembrada a apresentação no templo, quando Jesus, como primogênito de José, foi consagrado a Deus.

O ciclo pascal tem como ponto de referência o domingo de Páscoa, que é o primeiro domingo após a lua cheia que ocorre no mesmo dia ou depois do equinócio vernal (21 de março). Esta é a data do Pessach (Passagem), o antigo ano-novo agrícola e a comemoração do início do Êxodo dos judeus, a data em cuja antevéspera Jesus foi crucificado. A Quaresma, período preparatório para a Páscoa, começa na quarta-feira de Cinzas, seis e meia semanas antes desse domingo. A Semana Santa começa no domingo de Ramos, que lembra a entrada triunfal de Jesus em Jerusalém. A quinta-feira de Trevas rememora a última ceia dos apóstolos e a prisão de Jesus pelos soldados romanos. A sexta-feira da Paixão é passada no luto pela agonia e morte de Cristo, que se continua com a vigília do sábado. A semana termina no domingo da Páscoa da Ressurreição.

O sexto domingo depois do de Páscoa comemora a Ascensão de Cristo ao céu. O sétimo domingo, o Pentecostes, relembra a descida do Espírito Santo sobre Maria e os apóstolos. O oitavo domingo é a comemoração da Santíssima Trindade. A quinta-feira seguinte é o dia de Corpus Christi, a comemoração do corpo e do sangue de Cristo materializados na hóstia e no vinho consagrados; e a sexta-feira da semana seguinte à de Corpus Christi é a comemoração do Sagrado Coração de Jesus.

Existem ainda duas solenidades que não se incluem nesses ciclos: a Transfiguração do Senhor, no dia 6 de agosto, um episódio do período de apostolado que mostra Jesus como Deus Filho e Rei do Mundo; e a Exaltação da Santa Cruz, no dia 14 de Setembro.

Muitas orações honram as três Pessoas da Santíssima Trindade.

Súplica ao Senhor

Dá-me, Senhor, a coragem de uma mãe e a dedicação de um bom pai. Dá-me, Senhor, a simplicidade de uma criança e a consciência de um adulto. Dá-me, Senhor, a prudência de um astronauta e a coragem de um salva-vidas. Dá-me, Senhor, a humildade da lavadeira e a paciência do enfermo. Dá-me, Senhor, o idealismo de um jovem e a sabedoria de um velho. Dá-me, Senhor, a disponibilidade do bom samaritano e a gratidão do acolhido. Dá-me, Senhor, tudo o que de bom eu vejo em meus irmãos a quem tantas dádivas deste. Que assim, Senhor, eu me aproxime de um santo, que eu seja como tu queres: perseverante como o pescador e esperançoso como o cristão. Que permaneça no caminho de teu Filho e no serviço dos irmãos. Amém.

Oração ao Criador

Meu Deus, permiti que os espíritos bem-aventurados me assistam, me auxiliem nas aflições da vida e me arranquem da dúvida. Fazei, Senhor, que, por Vossa misericórdia, eles me inspirem a fé, o amor e a caridade; que sejam para mim um apoio, uma esperança e uma prova da Vossa paternal solicitude.

Permiti, enfim, que eu encontre sempre junto deles salutares confortos e a necessária luz para que as forças não me faltem nas provas de vida. Que, resistindo às sugestões do mal, meus passos se firmem na prática do bem e da caridade, e assim eu possa e saiba amar-Vos e ao próximo como a mim mesmo.

Oração ao Soberano Absoluto

Deus, nosso Senhor! Soberano absoluto sobre todo o universo! Causa essencial de tudo o que existe e de tudo o que acontece! Nesse momento em que nos concedeis o grande privilégio de pensar em Vós e de falar convosco, queremos Vos agradecer por tudo que nos destes, por tudo que nos dais e por tudo que nos dareis, mesmo por aquilo que venha a nos desagradar. Porque, sabendo que tudo provém essencialmente de Vós, somos levados a compreender que tudo é sempre para o nosso supremo bem.

Deus! Senhor absoluto de todas as coisas! Estendemos as nossas mãos para Vós, para buscar a Vossa bênção divina, que é a nossa própria vida e, acima de tudo, a confiança única e absoluta em Vós.

Agradecemos a presença entre nós de Vossos santos anjos, mensageiros de Vossa bondade infinita, que nos amparam, protegem e conduzem para Vós que sois, em verdade, a felicidade absoluta.

Que essas graças celestiais, que caem sobre nós nesses momentos sublimes de oração, possam transbordar de nossas almas para todos os necessitados que ligastes a cada um de nós, para toda a humanidade e para todos os seres do universo. Amém.

Invocação ao Divino Espírito Santo

Vinde, Santo Espírito, enchei os corações dos vossos filhos, e acendei neles o fogo do Vosso amor.

Senhor, enviai o Vosso Espírito e tudo será criado. E renovareis a face da terra.

Ó Deus, que iluminais os corações dos Vossos filhos com as luzes do Espírito Santo, concedei-nos que no mesmo Espírito saibamos o que é reto, e gozemos sempre de suas consolações. Por nosso Senhor Jesus Cristo, na unidade do Espírito Santo. Amém.

Oração ao Espírito Santo

Espírito Santo, você que me esclarece tudo, que ilumina todos os caminhos para que eu atinja o meu ideal, você que me dá o dom divino de perdoar e esquecer o mal que me fazem; e que a todos os instantes de minha vida está comigo, eu quero neste curto diálogo agradecer-lhe por tudo e confirmar mais uma vez que eu nunca mais quero me separar de você. Por maior que seja a ilusão material, não será o mínimo da vontade que sinto de um dia estar com você e todos os meus irmãos na glória perpétua. Obrigado mais uma vez.

(Deve-se fazer esta oração três dias seguidos, sem mencionar o pedido. Dentro desse período, a graça será alcançada, por mais difícil que seja. Publicar assim que receber a graça.)

Oração ao Cordeiro de Deus

Glória a Deus nas alturas, e paz na terra aos homens por ele amados. Senhor Deus, rei dos céus, Deus Pai todo-poderoso: nós Vos louvamos, nós Vos bendizemos, nós Vos adoramos, nós Vos glorificamos, nós Vos damos graças por Vossa imensa glória. Senhor Jesus Cristo, Filho Unigênito, Senhor Deus, Cordeiro de Deus, Filho de Deus Pai. Vós que tirais o pecado do mundo, tende piedade de nós. Vós que tirais o pecado do mundo, acolhei a nossa súplica... (Aqui dizer o que deseja.)

Vós que estais à direita do Pai, tende piedade de nós. Só Vós sois o Santo, só Vós sois o Senhor, só Vós sois o Altíssimo, Jesus Cristo, com o Espírito Santo, na glória de Deus Pai. Amém.

Oração ao Sagrado Coração de Jesus

Jesus, filho de Deus vivo, tende misericórdia de mim, que sou mil vezes pecador. Salvai a minha alma, ó senhor dos nossos corações; e Vossa bem-aventurada Mãe, a formosura dos anjos, flor dos arcanjos, salvai-me na hora da minha morte para que possa a Vós juntar-me na sagrada mansão, em que viveis à direita de Deus Pai. Amém Jesus.

Oração a Jesus Crucificado

Eis-me aqui, meu bom e dulcíssimo Jesus! Humildemente prostrado em vossa presença, Vos peço e suplico com todo o fervor de minha alma, que Vos digneis gravar no meu coração os mais vivos sentimentos de fé, esperança e caridade, de verdadeiro arrependimento de meus pecados, de firme propósito de emendar-me. Em espírito contemplo com grande afeto a dor das Vossas cinco chagas, tendo presentes as palavras que já o profeta Davi punha em vossa boca, bom Jesus: "Transpassaram as minhas mãos e os meus pés e cortaram todos os meus ossos."

Em nome da Vossa dor, ajudai-me, Senhor, guiai-me, Senhor. Amém.

Oração à Chaga do Ombro de Jesus

Ó divino Redentor, quando São Bernardo Vos perguntou qual era a dor que mais sofrestes, Vós lhe respondestes que era a de uma chaga profundíssima no ombro, sobre o qual carregastes Vossa pesada cruz. E recomendastes que honrássemos essa chaga, pois fareis tudo o que por ela Vos pedirmos.

Ó amante Jesus, manso cordeiro de Deus, apesar de ser eu uma criatura miserável e pecadora, eu Vos adoro e venero a chaga causada pelo peso de Vossa cruz, que dilacerando Vossas carnes desnudou os ossos de Vosso ombro sagrado, e da qual Vossa Mãe dolorosa tanto se compadeceu.

Também eu, ó aflitíssimo Jesus, me compadeço de Vós e do fundo do meu coração Vos louvo, Vos glorifico, Vos agradeço por essa chaga dolorosa de Vosso ombro em que quisestes carregar Vossa cruz por minha salvação. Pelos sofrimentos que padecestes e que aumentaram o enorme peso de Vossa cruz, eu Vos rogo com muita humildade: tende piedade de mim, pobre criatura pecadora, perdoai os meus pecados e conduzi-me ao céu pelo caminho da cruz.

(Rezam-se sete Ave-marias.)

Oração do Santo Sepulcro

Jesus Cristo, nosso Redentor. Fostes cercado por 150 soldados armados; fostes conduzido por 23 guardas e os executores de justiça foram 33. Levastes 666 golpes no corpo, dos quais 150 foram na cabeça, 108 no peito e 80 nas espáduas; fostes arrastado com cordas 23 vezes; levastes um murro mortal no coração; estivestes no ar, pendurado pelos cabelos, por duas horas; destes 192 suspiros; ficastes com 20 chagas na cabeça e mil no corpo; fostes espetado na cabeça com 110 espinhos e três se cravaram em Vossa testa. Depois fostes flagelado; vestiram-Vos de rei da Burla e cuspiram no Vosso rosto 150 vezes. Os soldados que Vos conduziram ao Calvário eram 980, os que Vos vigiaram eram três. As gotas de sangue que derramastes foram 38.430.

Depois da ressurreição, deixastes em Vosso Santo Sepulcro a promessa de, a toda pessoa que rezar sete Pai-nossos, sete Ave-marias e sete Glória ao Pai, pelo período de 15 anos continuados, para completar o número de gotas de sangue que derramastes, conceder cinco graças, que são: a indulgência plenária e remissão de todos os pecados; o livramento das penas do Purgatório; ser como um mártir que derramasse todo o seu sangue pela santa fé; ter o auxílio do Céu pela alma dos seus parentes até a quarta geração; e ter a Vossa proteção contra inimigos, pestes, perigos e intrigas.

Prometestes também, a todo aquele que cumpra com fidelidade esta devoção, que, se morrer antes de ter completado os 15 anos de oração, será como se os tivesse completado; e que esta devoção pode ser realizada por qualquer intenção, com a invocação das gotas de sangue de Nosso Senhor Jesus Cristo.

Jesus Cristo, meu Salvador: aqui estou eu fazendo essa devoção e pedindo, pelo poder do Vosso sangue, que atendais ao meu pedido e me deis Vossa proteção.

(Rezar sete Pais-nossos, sete Ave-marias e sete Glória ao Pai).

Novena Poderosa ao Menino Jesus de Praga

Oh! Jesus que dissestes: "Pede e receberás, procura e acharás, bate à porta e ela se abrirá", por intermédio de Maria, Vossa sagrada Mãe, eu bato, procuro e vos rogo que a minha prece seja atendida (menciona-se o pedido).

Oh! Jesus que dissestes: "Tudo que pedires ao Pai em meu nome ele atenderá", por intermédio de Maria, Vossa sagrada Mãe, eu humildemente rogo ao Vosso Pai, em Vosso nome, que minha oração seja ouvida (menciona-se o pedido).

Oh! Jesus que dissestes: "O céu e a terra passarão, mas a minha palavra não passará", por intermédio de Maria, Vossa sagrada Mãe, eu confio que minha oração seja ouvida (menciona-se o pedido).

(Rezar três Ave-marias e uma Salve-rainha. Em casos urgentes, essa novena poderá ser feita em nove horas.)

Oração a Nosso Senhor do Bonfim

Meu Senhor do Bonfim, acho-me em tua presença, humilhando-me de todo o coração, para receber de ti todas as graças que me quiseres dispensar. Perdoa-me, Senhor, por todas as faltas que porventura tenha cometido por pensamentos, palavras e obras, e faz-me forte para vencer todas as tentações dos inimigos de minha alma.

Meu Senhor do Bonfim! Tu, que és o Anjo Consolador de nossas almas, eu te peço e te rogo ajudar-me nos dias difíceis e sustentar-me em teus braços fortes e poderosos, para que eu ande em paz contigo e com Deus. Meu Senhor do Bonfim, livra a minha casa, e as pessoas que a habitam, de todo o mal.

Tu, Senhor, és o meu Bom Pastor. Nada me faltará. Faz-me deitar em verdes campos e guia-me por águas tranquilas. Assim seja.

Conversa com o Sagrado Coração de Jesus

Meu Sagrado Coração de Jesus, em vós deposito toda a minha confiança e esperança. Vós que sabeis de tudo, sois o Rei dos Reis, Pai e Senhor do Universo. Vós que fizestes o cego ver, o paralítico andar, o morto voltar a viver, o leproso se curar, vós que vedes as minhas aflições, as minhas angústias, as minhas lágrimas, bem sabeis, Divino Coração, como preciso alcançar esta graça (mencionar a graça que deseja).

A minha conversa convosco me dá ânimo e alegria para viver, só de vós espero com fé e confiança.

Fazei, Sagrado Coração de Jesus, que antes de terminar esta conversa, dentro de nove dias, eu alcance esta tão grande graça, para que os homens aprendam a ter confiança em vós. Iluminai os meus passos, Sagrado Coração de Jesus, assim como esta vela nos está iluminando e testemunhando a nossa conversa.

Sagrado Coração de Jesus, eu tenho confiança em vós. Sagrado Coração de Jesus, aumentai a minha Fé. Amém.

(Rezar diariamente, por nove dias, acendendo sempre uma vela.)

Ladainha do Sagrado Coração de Jesus

Senhor, tende piedade de nós.
Jesus Cristo, tende piedade de nós.
Senhor, tende piedade de nós.
Jesus Cristo, ouvi-nos.
Jesus Cristo, atendei-nos.
Deus Pai dos céus, tende piedade de nós.
Deus Filho, Redentor do mundo, tende piedade de nós.
Deus Espírito Santo, tende piedade de nós.
Santíssima Trindade, que sois um só Deus, tende piedade de nós.
Coração de Jesus, Filho do Pai eterno, tende piedade de nós.
Coração de Jesus, formado pelo Espírito Santo no seio da Virgem Mãe, tende piedade de nós.
Coração de Jesus, unido substancialmente ao Verbo de Deus, tende piedade de nós.
Coração de Jesus, de majestade infinita, tende piedade de nós.
Coração de Jesus, templo santo de Deus, tende piedade de nós.
Coração de Jesus, tabernáculo do Altíssimo, tende piedade de nós.
Coração de Jesus, casa de Deus e porta do céu, tende piedade de nós.

Coração de Jesus, fornalha ardente de caridade, tende piedade de nós.

Coração de Jesus, receptáculo de justiça e de amor, tende piedade de nós.

Coração de Jesus, cheio de bondade e de amor, tende piedade de nós.

Coração de Jesus, abismo de todas as virtudes, tende piedade de nós.

Coração de Jesus, digníssimo de todo o louvor, tende piedade de nós.

Coração de Jesus, rei e centro de todos os corações, tende piedade de nós.

Coração de Jesus, no qual estão todos os tesouros da sabedoria e da ciência, tende piedade de nós.

Coração de Jesus, no qual habita toda a plenitude de divindade, tende piedade de nós.

Coração de Jesus, no qual o Pai pôs toda a sua complacência, tende piedade de nós.

Coração de Jesus, de cuja plenitude todos nós recebemos, tende piedade de nós.

Coração de Jesus, paciente e de muita misericórdia, tende piedade de nós.

Coração de Jesus, riquíssimo para todos os que o invocam, tende piedade de nós.

Coração de Jesus, fonte de vida e santidade, tende piedade de nós.

Coração de Jesus, propiciação por nossos pecados, tende piedade de nós.

Coração de Jesus, esmagado de dor por causa de nossos pecados, tende piedade de nós.

Coração de Jesus, obediente até à morte, tende piedade de nós.

Coração de Jesus, transpassado pela lança, tende piedade de nós.

Coração de Jesus, fonte de toda a consolação, tende piedade de nós.

Coração de Jesus, nossa vida e ressurreição, tende piedade de nós.

Coração de Jesus, nossa paz e reconciliação, tende piedade de nós.

Coração de Jesus, vítima dos pecadores, tende piedade de nós.

Coração de Jesus, salvação dos que esperam em Vós, tende piedade de nós.

Coração de Jesus, esperança dos que morrem em Vós, tende piedade de nós.

Coração de Jesus, delícia de todos os santos, tende piedade de nós.

Cordeiro de Deus, que tirais o pecado do mundo, perdoa-nos, Senhor.

Cordeiro de Deus, que tirais o pecado do mundo, ouvi-nos, Senhor.

Cordeiro de Deus, que tirais o pecado do mundo, tende piedade de nós.

Jesus, manso e humilde de coração, fazei o nosso coração semelhante ao Vosso.

Oremos: Deus eterno e todo-poderoso, ouvi as nossas preces e concedei-nos o perdão que imploramos de Vossa misericórdia, em nome de Jesus Cristo, vosso Filho, que, sendo Deus, convosco vive e reina em união com o Espírito Santo, por todos os séculos dos séculos, amém.

Contemplação da Via Sacra

Ao fazer este exercício, o orientador deve começar cada estação fazendo uma descrição sumária da situação, para que os exercitantes formem dela um quadro mental que deverá ser mantido vivo na imaginação enquanto são recitadas as preces correspondentes.

✞ *Preparação*

Fazer o Sinal da Cruz.
Recitar o Ato de Contrição.

Oração preparatória:

Doce Jesus, eu vos amo porque sois infinitamente bom. Pesa-me sinceramente ter-vos ofendido. Sinto-me indigno de vós, mas tudo espero do vosso amor. Ofereço-vos hoje este exercício em memória do que sofrestes por mim no caminho do calvário, em reparação de minhas culpas e com a intenção de receber as indulgências concedidas, que desejo oferecer às almas do purgatório, especialmente àquelas a quem devo especiais obrigações. Amém.

✞ Primeira Estação:
Jesus é Condenado à Morte

Depois de receber a condenação, Jesus foi envolto em um manto escarlate e coroado com uma coroa de espinhos. Depois de ser chamado, por zombaria, de rei dos judeus, enquanto era esbofeteado e açoitado com uma vara, foi despido e levado para a crucifixão.

V. Nós vos adoramos, santíssimo Senhor Jesus Cristo, e vos bendizemos.

R. Porque pela vossa santa cruz remistes o mundo.

Meu Jesus, pela sentença de morte que recebestes por causa dos meus pecados, Livrai-me da condenação à morte eterna que merecemos por nossos erros.

V. Meu Jesus, misericórdia.

R. Doce Coração de Maria, sede nossa salvação.

✞ Segunda Estação:
Jesus Aceita a Cruz

Os soldados puseram a pesada cruz sobre os ombros feridos e ensanguentados de Jesus, para que ele a levasse até o monte Calvário, onde seria pregado a ela pelos algozes.

V. Nós vos adoramos, santíssimo Senhor Jesus Cristo, e vos bendizemos.

R. Porque pela vossa santa cruz remistes o mundo.

Meu Jesus, carregastes a cruz para redimir-me de meus pecados. Pela dor que sentistes por mim, dai-me força para levar minha cruz até o fim do meu caminho.

V. Meu Jesus, misericórdia.

R. Doce Coração de Maria, sede nossa salvação.

✟ Terceira Estação:
Jesus Cai pela Primeira Vez

Enfraquecido pela perda de sangue que sofrera na flagelação e cansado pela caminhada sob o enorme peso da cruz, Jesus caiu ao chão, sangrando por suas feridas. Mas foi açoitado até que se levantasse e continuasse a caminhar.

V. Nós vos adoramos, santíssimo Senhor Jesus Cristo, e vos bendizemos.

R. Porque pela vossa santa cruz remistes o mundo.

Meu Jesus, caíste pela primeira vez esmagado sob o peso dos meus pecados. Em nome da dor que sentistes, ajudai-me a levantar das quedas e dos fracassos.

V. Meu Jesus, misericórdia.

R. Doce Coração de Maria, sede nossa salvação.

✟ Quarta Estação:
Jesus Encontra sua Mãe

Enquanto caminhava vergado sob o peso da cruz e com o corpo marcado do sangue que corria das feridas, Jesus encontrou sua mãe. Ambos se olharam em silêncio, pois o sofrimento, dela por ver o filho naquele estado, dele por ver a mãe sofrer, era grande demais.

V. Nós vos adoramos, santíssimo Senhor Jesus Cristo, e vos bendizemos.

R. Porque pela vossa santa cruz remistes o mundo.

Meu Jesus, Mãe sofredora, apesar das profundas dores que ambos sentistes, seguistes juntos até o fim do caminho do calvário. Em nome dessa dor, acompanhai-me em meu caminho.

V. Meu Jesus, misericórdia.

R. Doce Coração de Maria, sede nossa salvação.

✟ Quinta Estação:
Simão Cirineu Ajuda Jesus

Quando Jesus já não aguentava caminhar sob o peso da cruz, os soldados detiveram um homem que passava, chamado Simão Cirineu, e puseram a cruz sobre seus ombros, para que Jesus não morresse no caminho e sofresse mais ao ser crucificado vivo.

V. Nós vos adoramos, santíssimo Senhor Jesus Cristo, e vos bendizemos.

R. Porque pela vossa santa cruz remistes o mundo.

Meu Jesus, Simão deu-nos o exemplo de como devemos ajudar ao próximo. Sede para mim como Simão Cirineu, ajudando-me a carregar minha cruz.

V. Meu Jesus, misericórdia.

R. Doce Coração de Maria, sede nossa salvação.

✞ Sexta Estação:
Verônica Enxuga o Rosto de Jesus

Uma mulher chamada Verônica, ao ver que Jesus estava todo sujo de sangue, poeira, suor e escarros, abriu caminho entre os soldados e limpou seu rosto com uma toalha, na qual ficou impresso o retrato do redentor.

V. Nós vos adoramos, santíssimo Senhor Jesus Cristo, e vos bendizemos.

R. Porque pela vossa santa cruz remistes o mundo.

Meu Jesus, vosso rosto desfigurado despertou desprezo e compaixão. Era nome do vosso sofrimento, limpai minha alma dos erros e mostrai-me a verdadeira face do vosso amor.

V. Meu Jesus, misericórdia.

R. Doce Coração de Maria, sede nossa salvação.

✞ Sétima Estação:
Jesus Cai pela Segunda Vez

Cada vez mais fraco e com uma grande chaga aberta no ombro, Jesus cai pela segunda vez debaixo do peso da cruz, que havia sido forçado a carregar novamente.

V. Nós vos adoramos, santíssimo Senhor Jesus Cristo, e vos bendizemos.

R. Porque pela vossa santa cruz remistes o mundo.

Meu Jesus, vós caístes por causa da nossa insistência no pecado. Em memória do nosso sofrimento, ajudai-nos a não recair nos erros passados.

V. Meu Jesus, misericórdia.

R. Doce Coração de Maria, sede nossa salvação.

✞ Oitava Estação:
Jesus Encoraja as Mulheres

As mulheres piedosas que acompanhavam o cortejo choraram ao ver o estado de Jesus. Apesar de seus sofrimentos, ele deu atenção a elas e as consolou, dizendo: "Não choreis por mim, mas por vós e por vossos filhos."

V. Nós vos adoramos, santíssimo Senhor Jesus Cristo, e vos bendizemos.

R. Porque pela vossa santa cruz remistes o mundo.

Meu Jesus, em nome da vossa infinita bondade, ensinai-me a esquecer meus problemas pessoais para consolar e auxiliar aqueles que sofrem mais que eu.

V. Meu Jesus, misericórdia.

R. Doce Coração de Maria, sede nossa salvação.

✞ Nona Estação:
Jesus Cai pela Terceira Vez

Quase chegando ao final do percurso, Jesus, quase morto de fadiga e dor, cai pela terceira vez. Sozinho e sem nenhum auxílio, levanta-se, retoma a cruz e prossegue até o local do suplício.

V. Nós vos adoramos, santíssimo Senhor Jesus Cristo, e vos bendizemos.

R. Porque pela vossa santa cruz remistes o mundo.

Meu Jesus, em nome do vosso sofrimento solitário, perdoai meus erros repetidos e livrai-me das culpas de todos os dias.

V. Meu Jesus, misericórdia.

R. Doce Coração de Maria, sede nossa salvação.

✞ *Décima Estação:*
Jesus é Despido

Depois de perder a liberdade, a dignidade, os amigos e parentes, Jesus foi submetido à suprema humilhação de perder até as vestes do corpo, tornando-se o mais pobre entre os mais pobres e recebendo apenas zombaria e desprezo.

V. Nós vos adoramos, santíssimo Senhor Jesus Cristo, e vos bendizemos.

R. Porque pela vossa santa cruz remistes o mundo.

Meu Jesus, para vestir as novas vestes da vossa graça, ajuda-nos a despir os trajes dos erros e da impureza, mesmo que, para arrancá-los do espírito, precisemos sangrar.

V. Meu Jesus, misericórdia.

R. Doce Coração de Maria, sede nossa salvação.

✝ Décima Primeira Estação:
Jesus é Crucificado

Por ordem dos algozes, Jesus deitou-se sobre a cruz e eles o prenderam nela, cravando, em suas mãos e pés, pregos que rasgaram sua carne e o fizeram sangrar.

V. Nós vos adoramos, santíssimo Senhor Jesus Cristo, e vos bendizemos.

R. Porque pela vossa santa cruz remistes o mundo.

Meu Jesus, dai-me coragem para expor o meu corpo a todos os sofrimentos necessários para que eu seja um verdadeiro instrumento de salvação para mim e para meus irmãos.

V. Meu Jesus, misericórdia.

R. Doce Coração de Maria, sede nossa salvação.

✝ Décima Segunda Estação:
Jesus Morre na Cruz

Jesus sofreu na cruz durante três horas, suportando as zombarias e crueldades dos soldados. Quando teve sede, deram-lhe vinagre. Quando já estava morto, feriram-lhe o flanco com uma lança, e da ferida jorrou sangue e água.

V. Nós vos adoramos, santíssimo Senhor Jesus Cristo, e vos bendizemos.

R. Porque pela vossa santa cruz remistes o mundo.

Meu Jesus, completastes vossa obra de redenção morrendo pela humanidade. Agora que estais no reino do céu, abri vossos braços para receber-me depois da minha morte.

V. Meu Jesus, misericórdia.

R. Doce Coração de Maria, sede nossa salvação.

✟ Décima Terceira Estação:
Jesus é Descido da Cruz

José de Arimateia conseguiu autorização para sepultar Jesus. Então, seu corpo foi descido da cruz e colocado nos braços de Maria, sua mãe, que sofreu a dor suprema de abraçar o filho morto.

V. Nós vos adoramos, santíssimo Senhor Jesus Cristo, e vos bendizemos.

R. Porque pela vossa santa cruz remistes o mundo.

Meu Jesus, Maria Santíssima, vossa mãe, chorou por vós. Em memória de suas dores, ajudai-me a ver e chorar meus próprios erros, e perdoai-me pelas dores que vos causei.

V. Meu Jesus, misericórdia.

R. Doce Coração de Maria, sede nossa salvação.

✟ Décima Quarta Estação:
Jesus é Posto no Sepulcro

O corpo de Jesus foi envolto em um pano de linho e depositado no sepulcro cavado na rocha que pertencia a José de Arimateia. O enterro foi acompanhado pelas mulheres piedosas e pelos discípulos que seguiam Jesus desde a Galileia.

V. Nós vos adoramos, santíssimo Senhor Jesus Cristo, e vos bendizemos.

R. Porque pela vossa santa cruz remistes o mundo.

Meu Jesus, vós estivestes por três dias no mundo dos mortos e isso vos deu o poder de nos salvar para a vida eterna. Ajudai-me a conquistá-la na hora da minha morte.

V. Meu Jesus, misericórdia.

R. Doce Coração de Maria, sede nossa salvação.

✞ *Décima Quinta Estação:*
Jesus Ressuscita

Depois de guardarem o repouso do sábado, as mulheres voltaram ao sepulcro para ungir o corpo de Jesus; mas encontraram o túmulo aberto e vazio, e dois anjos resplandecentes que lhes disseram: "Por que buscais entre os mortos aquele que está vivo? Não está aqui, mas ressuscitou."

V. Nós vos adoramos, santíssimo Senhor Jesus Cristo, e vos bendizemos.

R. Porque pela vossa santa cruz remistes o mundo.

Meu Jesus, vós vencestes a morte para minha redenção. Iluminai minha vida, enchendo-a de alegria, esperança, fortaleza, amor e fé.

V. Meu Jesus, misericórdia.

R. Doce Coração de Maria, sede nossa salvação.

Oremos: Deus, que nos destes como penhor de vosso amor o sangue de vosso próprio filho, concedei sempre vossa proteção àqueles que honrarem a santa cruz em que ele padeceu. Por Cristo, nosso senhor. Amém.

ORAÇÕES E DEVOÇÕES A NOSSA SENHORA

Maria Santíssima é venerada sob numerosas invocações. Algumas delas referem-se a momentos de sua vida; outras, às suas aparições ou a qualidades a ela atribuídas. As invocações biográficas são as seguintes:

- Natividade de Nossa Senhora (8 de setembro) – a Virgem Maria é a única, junto com Jesus e João Batista, que tem seu nascimento terreno comemorado, e não somente o nascimento para o céu (na morte), como ocorre com os santos. O motivo é que seu nascimento físico dá início ao processo de encarnação do Verbo.

- Apresentação de Nossa Senhora (21 de novembro) – lembra a promessa feita por sua mãe, santa Ana, de consagrar ao serviço de Deus a filha (ou o filho) que pudesse ter, uma vez que era estéril. Ana cumpriu a promessa quando Maria tinha três anos, levando a filha ao templo.

- Anunciação do Senhor (25 de março) – esta data lembra o momento em que o arcanjo Gabriel anunciou a Maria que ela teria um filho de Deus e a Virgem concordou com a missão redentora.

- Imaculada Conceição (8 de dezembro) – a concepção virginal da Mãe de Deus era comemorada pelas Igrejas orientais desde o século VII, mas somente foi incluída no calendário romano no século XV, embora já fosse objeto de grande devoção popular desde tempos antigos.

- Visitação de Nossa Senhora (31 de maio) – a visita de Maria, já grávida de Jesus, à prima Isabel, grávida de João Batista, foi notável porque, na sua chegada, o bebê de Isabel agitou-se alegremente no ventre da mãe, sentindo a presença de Deus.

- Nossa Senhora da Expectação ou do Ó (18 de dezembro) – festa instituída no século VI, para lembrar a expectação do parto de Nossa Senhora, e acompanhá-la com orações especiais até 24 de dezembro.

- Sagrada Família (30 de dezembro) – nesse dia, Nossa Senhora é venerada como mãe, juntamente com o esposo José e o filho recém-nascido.

- Purificação de Nossa Senhora (2 de fevereiro) – Maria levou o filho para apresentá-lo no Templo quando completou o prazo determinado pelo rito judaico para a purificação da parturiente. De acordo com a lei de Moisés, nesse dia o primogênito de José foi consagrado ao Senhor.

- Nossa Senhora do Desterro – quando Herodes soube que havia nascido o Messias anunciado pelos profetas, mandou que todos os primogênitos dos hebreus, com menos de dois anos de idade, fossem mortos. Avisado por um anjo, José levou a família para o Egito, onde viveu até a morte de Herodes.

- Nossa Senhora das Dores (15 de setembro) – estabelecida no dia seguinte àquele em que a Igreja comemora a Exaltação da Santa Cruz, a devoção a Nossa Senhora das Dores lembra os mistérios dolorosos do rosário, relacionados com o martírio de Cristo. Originalmente chamava-se Nossa Senhora da Piedade, e era representada no momento do sofrimento da Mãe que recebe nos braços o Filho morto.

- Assunção de Nossa Senhora (15 de agosto) – a ação de Maria como Corredentora começa com a vitória sobre o pecado, na Imaculada Conceição, e se completa com a assunção de seu corpo ao céu, que representa a vitória sobre a morte. A invocação popular dada a Maria nessa data é Nossa Senhora da Glória.

- Nossa Senhora Rainha (22 de agosto) – logo após subir ao céu, viva em seu corpo terreno, Maria Santíssima foi coroada por Deus Pai, Filho e Espírito Santo como Rainha do Céu. Maria também é chamada Rainha do Mundo e Rainha dos Apóstolos, por ter liderado o grupo quando o Espírito Santo desceu sobre eles.

Alguns nomes lembram características e ações de Maria:

- Maria Santíssima (1º de janeiro) – nessa data, Maria é venerada como Mãe de Deus.

- Nossa Senhora Mãe da Unidade – por ter aceito voluntariamente a participação na encarnação de Deus, Maria é denominada Mãe da Unidade, associada à Santíssima Trindade. Também é chamada Mãe da Igreja, da unidade do mundo cristão.

- Nossa Senhora do Perpétuo Socorro (27 de junho) – devoção originada de uma imagem bizantina do século XIII, difundida no ocidente pelos padres redentoristas desde o século XIX.

- Nossa Senhora das Graças – também é chamada Nossa Senhora Medianeira de Todas as Graças.

- Nossa Senhora da Rosa Mística – alusão ao nome "Rosa Mística" dado à Virgem Maria na literatura sacra medieval.

- Nossa Senhora Consoladora dos Aflitos ou da Consolação – devoção vinda desde o tempo dos apóstolos e difundida nos tempos modernos pelos padres agostinianos, pois a ela se deve a conversão de Santo Agostinho. É padroeira do lar e da família.

- Nossa Senhora do Bom Conselho – antiga devoção, que vem dos primeiros séculos do cristianismo, e que vê Maria como conselheira dos apóstolos e da Igreja.

- Nossa Senhora Desatadora de Nós – como Mãe bondosa, Nossa Senhora recebe dos anjos o cordão da nossa vida cheio de nós, que são todos os nossos problemas e sofrimentos; e o passa para as mãos de outros anjos, completamente liso, com os nós todos desfeitos.

- Nossa Senhora dos Navegantes (2 de fevereiro) – devoção surgida na Ibéria durante o período das grandes navegações. No Brasil, foi adotada como protetora dos internautas, que a ela pedem segurança, rapidez e facilidade de chegar ao destino em suas viagens virtuais.

- Nossa Senhora da Paz ou Rainha da Paz – devoção originada na Espanha, no século XI, durante as batalhas para a expulsão dos mouros da cidade de Toledo.

- Nossa Senhora dos Prazeres – os prazeres da Virgem são os mistérios gozosos do rosário, relacionados com o nascimento e a infância de Jesus; e os mistérios gloriosos, relacionados com a ressurreição de Cristo e a posterior ascensão de Maria ao céu.

- Nossa Senhora do Amparo – antiga devoção popular que lembra o momento em que Jesus, na cruz, disse a João que aquela era sua mãe e, portanto, mãe de todos os humanos.

- Nossa Senhora da Esperança – na Espanha, é a Virgem de Macarena, protetora dos marinheiros.

Protege todos os viajantes. Está relacionada com Cristo na agonia, pois representa a esperança em meio aos sofrimentos e a espera da ressurreição. Sua festa é realizada na Semana Santa.

- Imaculado Coração de Maria – é uma devoção antiga, que se expandiu depois das aparições de Fátima. O papa Pio XII consagrou-lhe a humanidade em 1942. É venerado no primeiro sábado depois da festa do Sagrado Coração de Jesus.

A Virgem Maria ainda recebe muitas outras denominações decorrentes de sua invocação para a resolução de problemas especiais, como Nossa Senhora da Saúde, Nossa Senhora dos Remédios, Nossa Senhora do Bom Parto, Nossa Senhora da Guia, Nossa Senhora da Cabeça, Nossa Senhora da Boa Viagem.

Outras denominações referem-se a aparições e milagres da Virgem Maria:

- Nossa Senhora do Rosário (7 de outubro) – chamava-se originalmente Nossa Senhora da Vitória. A devoção começou com a vitória dos soldados cristãos sobre os turcos na batalha de Lepanto (1571), após terem prometido à Virgem que adotariam a devoção do rosário.

- Nossa Senhora de Nazaré – imagem venerada em Nazaré (Portugal), desde 1182, quando ocorreu um milagre com o alcaide de Porto de Mós. Essa devoção se expandiu pelo país e foi trazida para o Brasil no período colonial. Em torno de 1700, foi encontrada, perto da cidade de Belém, no Pará, uma imagem que se tornou logo famosa por seus milagres. Atualmente, a festa realizada nas primeiras semanas de outubro é um dos grandes focos de romaria do país.

- Nossa Senhora Auxiliadora (24 de maio) – devoção criada em 1813 pelo papa Pio VII, libertado da prisão após a derrota de Napoleão em Leipzig. Também é chamada Nossa Senhora Auxílio dos Cristãos.

- Nossa Senhora das Candeias ou Candelária (2 de fevereiro) – imagem da Virgem com o Menino, encontrada por dois pastores em uma gruta na ilha de Tenerife, no início do século XV. A imagem recebeu esse nome porque estava cercada por muitas velas acesas que, segundo a tradição, pareciam ser seguras no ar por mãos invisíveis. É padroeira das ilhas Canárias.

- Nossa Senhora de Lourdes (11 de fevereiro) – dezoito aparições a Bernadete Soubirous, em Lourdes (França), em 1858, como Imaculada Conceição, recomendando a devoção do rosário. O local tornou-se um dos maiores centros de romaria do mundo.

- Nossa Senhora de Fátima (13 de maio) – aparição como Nossa Senhora do Rosário a três pastores, em Fátima (Portugal), em 1917, recomendando a devoção do rosário. O local tornou-se também um importante centro de peregrinação.

- Nossa Senhora do Carmo (16 de julho) – aparição, em 1251, a Simão Stock, fundador da Ordem do Monte Carmelo, mostrando o escapulário que foi adotado pela Ordem e que se tornou um dos sacramentais da Igreja.

- Nossa Senhora das Neves (5 de agosto) – aparição ao papa Libério, em 352, na Itália, mandando construir uma igreja no local onde, na manhã seguinte, houvesse nevado (em pleno verão).

- Nossa Senhora Aparecida (12 de outubro) – imagem de Nossa Senhora da Conceição encontrada por três pescadores nas margens do rio Paraíba (São Paulo), em 1717. Atraiu logo um grande número de devotos e realizou muitos milagres, particularmente relacionados às necessidades dos pobres e dos escravos que procuravam sua proteção, pelo fato de ser uma imagem escura. É a padroeira principal do Brasil, e a basílica construída no local do achado é um grande centro de peregrinação.

- Nossa Senhora de Guadalupe (12 de dezembro) – aparição a um índio, em 1531, no México. E padroeira da América Latina.

- Nossa Senhora da Medalha Milagrosa (27 de novembro) – aparição como Nossa Senhora das Graças a Catarina Labouré, em 1830, recomendando que fosse feita uma medalha com sua imagem igual à da aparição. Essa medalha também é um sacramental.

- Nossa Senhora de Medjugorge – aparições que têm ocorrido diariamente, ou a intervalos curtos, desde junho de 1981, em Medjugorge (Bósnia). A Virgem aparece como Rainha da Paz.
- Nossa Senhora de Coromoto – duas aparições a um índio coromoto, em 1652, na Venezuela. Segundo a tradição, a segunda aparição transformou-se em uma pequena imagem da Madona coroada que se tornou objeto de devoção popular. É padroeira da Venezuela.
- Nossa Senhora da Atocha – no tempo da dominação moura, um devoto espanhol descobriu certo dia que a imagem da Virgem havia desaparecido da igreja local, sendo encontrada em uma plantação de atochas (esparto, fibra usada em cestaria) de onde não puderam tirá-la. A ela foram atribuídos muitos milagres. Depois da reconquista, foi escolhida para padroeira da Espanha.
- Nossa Senhora de Cotoca (8 de dezembro) – imagem encontrada no oco de uma árvore por três camponeses, no final do século XVIII, no local chamado Cotoca, na Bolívia. Tornou-se objeto de grande devoção, atraindo romeiros de todo o país.
- Nossa Senhora da Salete (19 de setembro) – aparição a dois pastores, em 1846, na montanha de Salete, no sul da França. A Virgem recomendou a prática diária de orações pela salvação do mundo.
- Nossa Senhora de Caravaggio – aparição a uma moça em Caravaggio, na Itália, no início do

século XV. No lugar da aparição, onde ficaram as marcas dos seus pés, surgiu uma fonte milagrosa.

- Nossa Senhora das Mercês – aparição simultânea em sonhos a São Pedro Nolasco, São Raimundo de Penaforte e D. Jaime I de Aragão, recomendando a fundação da Ordem Real e Militar de Nossa Senhora das Mercês da Redenção dos Cativos, que agiu a partir do século XII na Ibéria, resgatando os cristãos escravizados pelos mouros.

- Nossa Senhora da Abadia (15 de agosto) – imagem de Nossa Senhora da Glória, pertencente ao mosteiro das Montanhas (em Braga, Portugal), que foi escondida em uma caverna quando os monges fugiram diante da invasão dos mouros. Depois que estes foram expulsos da região, a imagem foi encontrada. Tornou-se objeto de grande devoção, que foi trazida para o Brasil.

- Nossa Senhora da Penha – sua igreja, no Rio de Janeiro, é um dos maiores centros de romaria do país, realizando sua festa anual durante o mês de outubro.

- Madona Negra – representação da Virgem Maria que é padroeira da Polônia. Sua origem é uma imagem de madeira escura, encontrada, milagrosamente, há muito tempo.

É impossível fazer uma lista completa dos nomes pelos quais Maria Santíssima é conhecida em decorrência de suas aparições e milagres. Podem ser citadas ainda, por exemplo, Nossa Senhora de Montserrat e

Nossa Senhora do Loreto, originárias da França; Nossa Senhora Mãe da Eucaristia, vista em Roma desde 1971; Nossa Senhora das Rosas, aparecida em Nova York em 1970; Nossa Senhora de Garabandal, aparecida na Espanha em 1961; Nossa Senhora Mãe do Mundo, aparecida em Kibeho (Ruanda) entre 1981 e 1989; Mãe Reconciliadora dos Povos e Nações, aparecida na Venezuela; e outras aparições em Akita (Japão), França etc.

Oração à Virgem Santíssima

Ó estrela do céu, Virgem Santíssima, que a seus peitos criou o Senhor, e atingiu com o moral a peste dos humanos. Digne-se agora a mesma estrela reprimir os influxos malignos que ferem o povo com moléstias.

Gloriosa estrela do amor, de sublimes louvores digníssima, dos perigos nos defendei, e contra os enganos do mundo nos protegei.

Medicina Cristã, aos sãos conservai; aos enfermos sarai; o que a humana força não pode, vossa graça no-lo conceda. Amém.

(Repetir três vezes.)

Pedimo-vos, ó Virgem, porque Vosso Filho vos honra em nada vos negar. Salvai-nos, ó Messias, que por nós pede a Santíssima Virgem.

Socorrei-nos, ó piedosa Virgem.

(Rezar três Pais-Nossos e três Ave-marias.)

Deus de Misericórdia, Deus de piedade, Deus de indulgência que, compadecendo-vos da aflição de vosso povo, dissestes ao Anjo que aos culpados feria: suspendei vossa mão, por amor daquela estrela gloriosa, vossa mãe puríssima, de cujos preciosos peitos recebestes o divinal licor, milagroso contraveneno dos nossos delitos, concedei-me o auxílio da vossa graça, para que eu seja com certeza livre e misericordiosamente preservado de toda peste e improvisada morte, e de todo o perigo de condenação.

Por vós, Senhor, Glorioso Rei dos homens, que viveis e reinais por todos os séculos dos séculos.

Senhor meu Deus, em tua gloriosa e onipotente bondade, eu, teu filho humilde, desejo encontrar a salvação eterna.

A mim, Senhor, não deixeis cair em tentação.

Afastai os malignos olhares da inveja que por acaso para mim se volvam.

(Três Pais-Nossos e três Ave-marias.)

Ladainha de Nossa Senhora

Senhor, tende piedade de nós.

Jesus Cristo, tende piedade de nós.

Senhor, tende piedade de nós.

Jesus Cristo, ouvi-nos.

Jesus Cristo, atendei-nos.

Deus Pai dos céus, tende piedade de nós.

Deus Filho, Redentor do mundo, tende piedade de nós.

Deus Espírito Santo, tende piedade de nós.

Santíssima Trindade, que sois um só Deus, tende piedade de nós.

Santa Maria, rogai por nós.

Santa Mãe de Deus, rogai por nós.

Santa Virgem das Virgens, rogai por nós.

Mãe de Jesus Cristo, rogai por nós.

Mãe da Divina Graça, rogai por nós.

Mãe puríssima, rogai por nós.

Mãe castíssima, rogai por nós.

Mãe imaculada, rogai por nós.

Mãe intacta, rogai por nós.

Mãe amável, rogai por nós.

Mãe admirável, rogai por nós.

Mãe do bom conselho, rogai por nós.

Mãe do Criador, rogai por nós.

Mãe do Salvador, rogai por nós.

Mãe da igreja, rogai por nós.

Virgem prudentíssima, rogai por nós.

Virgem venerável, rogai por nós.

Virgem louvável, rogai por nós.

Virgem poderosa, rogai por nós.

Virgem benigna, rogai por nós.

Virgem fiel, rogai por nós.

Espelho da justiça, rogai por nós.

Sede de sabedoria, rogai por nós.

Causa da nossa alegria, rogai por nós.
Vaso espiritual, rogai por nós.
Vaso honorífico, rogai por nós.
Vaso insigne de devoção, rogai por nós.
Rosa mística, rogai por nós.
Torre de Davi, rogai por nós.
Torre de marfim, rogai por nós.
Casa de ouro, rogai por nós.
Arca da Aliança, rogai por nós.
Porta do Céu, rogai por nós.
Estrela da manhã, rogai por nós.
Saúde dos enfermos, rogai por nós.
Refúgio dos pecadores, rogai por nós.
Consoladora dos aflitos, rogai por nós.
Auxílio dos cristãos, rogai por nós.
Rainha dos Anjos, rogai por nós.
Rainha dos Patriarcas, rogai por nós.
Rainha dos Profetas, rogai por nós.
Rainha dos Apóstolos, rogai por nós.
Rainha dos Mártires, rogai por nós.
Rainha dos Confessores, rogai por nós.
Rainha das Virgens, rogai por nós.
Rainha de todos os santos, rogai por nós.
Rainha concebida sem pecado original, rogai por nós.
Rainha assunta ao Céu, rogai por nós.
Rainha do Santíssimo Rosário, rogai por nós.

Rainha da Paz, rogai por nós.

Cordeiro de Deus que tirais o pecado do mundo, perdoai-nos, Senhor.

Cordeiro de Deus que tirais o pecado do mundo, ouvi-nos, Senhor.

Cordeiro de Deus que tirais o pecado do mundo, tende piedade de nós.

Rogai por nós, Santa Mãe de Deus,

Para que sejamos dignos das promessas de Cristo.

Oremos: Deus, que pela Imaculada Conceição da Virgem, preparastes ao vosso Filho uma digna mansão, nós vos rogamos que, tendo-a preservado de toda a mancha, na previsão da morte do vosso mesmo Filho, nos concedais pela sua intercessão chegarmos até vós também purificados de todo o pecado. Pelo mesmo Jesus Cristo, nosso Senhor. Amém.

Novena a Nossa Senhora Aparecida

Meu Deus, vinde em meu auxílio. Senhor, apressai-vos em me socorrer. Vinde, Santo Espírito, enchei os corações de vossos fiéis e acendei neles o fogo do vosso amor. Enviai o vosso Espírito e tudo será criado. E renovareis a face da terra.

Oremos: Deus, que iluminastes os corações dos vossos fiéis com as mesmas luzes do Espírito Santo, fazei que por este mesmo Espírito saibamos praticar o bem e gozemos sempre de sua consolação. Por Jesus Cristo Nosso Senhor. Amém.

Oração a Nossa Senhora Rainha dos Apóstolos

Jesus misericordioso, eu te agradeço porque nos deste Maria como mãe.

Eu te agradeço, Maria, porque deste à humanidade Jesus, o Mestre divino, caminho, verdade e vida, e porque no Calvário nos aceitaste a todos como filhos.

A tua missão está unida à de Jesus, que veio procurar e salvar o que estava perdido. Por isso, oprimido pelos meus pecados, me refugio em ti, minha mãe e minha esperança. Olha-me com misericórdia, como a um filho doente. Espero receber teus cuidados maternos. Tudo espero de ti: perdão, conversão, santidade.

Pertenço a uma categoria particular entre os teus filhos: a dos mais necessitados, nos quais abundou o pecado, onde havia transbordado a graça. Esses te inspiram especial piedade... Acolhe-me entre eles. Faze um grande milagre, transformando um pecador em apóstolo. Será um grande prodígio e uma glória a mais para teu Filho e para ti, minha mãe.

Tudo espero de teu coração, Mãe, mestra e rainha dos apóstolos. Amém.

Oração a Nossa Senhora das Dores

Mãe de Deus, Senhora minha, imperatriz do Céu, dos Anjos Rainha, aceitai esse limitadíssimo obséquio como tributo de um coração que deseja publicar por todo o mundo que o vosso foi o mais penalizado e é o mais terno e compassivo que Deus criou.

E confiando nisto, minha doce mãe, espero de vós que tomeis conta da minha salvação, para que triunfando do mundo, de seus enganos e de meus inimigos, consiga de vós as minhas causas justas, assim como depois da morte venha a gozar da ventura de vos ver na eterna glória. Amém.

Oração a Nossa Senhora das Graças

Santíssima Virgem, eu creio e confesso vossa Santa e Imaculada Conceição, pura, sem mancha. Ó puríssima Virgem Maria, por vossa Conceição Imaculada e gloriosa prerrogativa de Mãe de Deus, alcançai-me de vosso amado Filho a humildade, a caridade, a obediência, a castidade, a santa pureza de coração, de corpo e espírito, a perseverança na prática do bem, uma boa vida e uma santa morte. Amém.

Oração a Nossa Senhora da Conceição

Imaculada Conceição, puríssima filha de São Joaquim e de Santa Ana, vós fostes educada em um lar santificado pelas bênçãos de Deus Todo-Poderoso, que vos limpou da mancha original, a fim de que em vosso ventre se fizesse carne Seu Filho muito amado, Nosso Senhor Jesus Cristo.

Maria Virgem, Santíssima Mãe de Deus e dos homens, ouvi a prece que, contrito(a) e arrependido(a) de meus pecados, eu vos dirijo, humildemente, confiante em vosso amor e em vossa bondade.

Senhora da Conceição, refúgio dos pecadores, lançai vosso olhar misericordioso sobre o meu lar, cobrindo com vosso manto esta casa, defendendo-a dos ataques de inimigos, visíveis e invisíveis, amparando meu marido (ou minha esposa), meus filhos, infundindo paz, contentamento, alegria nos corações de todos os meus entes queridos.

Guiai os meus filhos pela senda do bem, da virtude, da honestidade, mantendo-os fiéis aos sentimentos de vosso divino Filho, Nosso Senhor Jesus Cristo, e inspirando-lhes o amor ao trabalho.

Senhora da Conceição, o vosso grande servo, São Bernardo, disse que "nunca se ouviu dizer que fosse desamparado quem houvesse implorado vosso auxílio". Tenho fé que também não serei desamparado(a), que ouvireis a minha prece e que lançareis sobre meu lar as bênçãos que vos suplico.

Imaculada Conceição, ouvi o meu apelo. Santíssima Virgem Maria, atendei-me. Mãe de Deus, amparai-me a mim e a todos os de minha família. (Repetir três vezes.)

Oh, Maria concebida sem pecado, rogai por nós, que recorremos a vós.

(Rezar três Ave-marias e um Salve-rainha.)

Oração a Nossa Senhora do Desterro

Ó incomparável Senhora do Desterro! Mãe de Deus, Rainha dos Anjos, advogada dos pecadores, refúgio e consolação dos aflitos e atribulados.

Virgem Santíssima, cheia de poderes e de bondade, lançai sobre nós um olhar favorável para que sejamos socorridos por Vós em todas as necessidades em que nos achamos.

Lembrai-vos, ó clementíssima Mãe, Nossa Senhora do Desterro, que nunca se ouviu dizer que algum daqueles que têm a Vós recorrido, invocado vosso santíssimo nome e implorado vossa singular proteção, fosse por Vós abandonado. Animados com esta confiança, a Vós recorremos, hoje e para sempre, por nossa Mãe, nossa protetora, consolação e guia, esperança e luz na hora da morte. Amém.

(Rezam-se três Ave-marias.)

Nossa Senhora do Desterro, rogai por nós que recorremos a Vós. (Repetir três vezes.)

Oração a Nossa Senhora de Lourdes

Bendita sejais vós, ó puríssima Virgem, que vos dignastes aparecer 18 vezes, resplandecente de luz, de doçura, de beleza, na gruta de Lourdes, e dizer à humilde e inocente menina que, nos êxtases, vos contemplava: "Eu sou a Imaculada Conceição." Bendita sejais pelas graças extraordinárias que não cessais de derramar por estes lugares.

Por vosso coração de mãe, ó Maria! E pela graça que vos deu a Santa Igreja, nós vos pedimos que rogue pelo mundo para que se realizem as esperanças de paz, de amor, de prazer que originou a proclamação do dogma da vossa Imaculada Conceição. Ó Maria, que concebestes sem pecado, rogai por nós que a vós recorremos. Amém.

Oração a Nossa Senhora Desatadora de Nós

Virgem Maria, Mãe amorosa, sempre vindes em socorro de um filho que a vós recorra em um momento de aflição. Vossas mãos, movidas que são pelo amor divino, nunca param de servir a vossos filhos, pois Deus vos encarregou de desatar os nós das suas vidas. Eu sei que vós vedes o emaranhado de nós que embaraçam minha vida e que me amarram; sabeis a dor e o desespero que isso me causa. Por isso, em nome da misericórdia que existe em vosso coração, eu imploro que volteis sobre mim vosso olhar compassivo e entrego em vossas mãos a fita da minha vida, sabendo que não há força maligna que possa tirá-la desse precioso abrigo, e que não existe nó que não possa ser desfeito por vossas santas e poderosas mãos.

Mãe santíssima, sois a consoladora das minhas dores, a fortaleza que sustenta minha debilidade, a riqueza no meio da minha miséria, a libertação das minhas cadeias, a minha esperança. Pelo poder que tendes de interceder por nós, pecadores, junto a vosso santíssimo filho, Jesus, nosso redentor, e pelas inúmeras graças que derramais sobre nossas cabeças, tomai hoje em vossas mãos este nó que tanto me atormenta: (citar o problema). Peço-vos que o desateis, para maior glória de Deus nosso senhor.

Maria Santíssima, ouvi a minha súplica. Mãe amorosa, protegei-me, guiai-me, guardai-me. Sede sempre meu seguro refúgio.

Oração a Nossa Senhora da Glória

Ó Virgem Bem-aventurada, louvada e querida de todos os santos, rogai por mim pecador, ao vosso precioso filho.

Estrela dos anjos, formosura dos arcanjos e dos santos patriarcas, santíssima coroa dos mártires e das virgens, ajudai-me, senhora, naquela verdadeira hora de minha morte, para que minha alma possa ter ingresso em vossa preciosa morada.

Ó bem-aventurada protetora dos cristãos, Virgem Santíssima, nas vossas mãos, antes do sono, eu entrego, extenuado de fadiga, a minha alma, para que o vosso Santo filho me ampare com a sua Santa Glória.

Livrai-me, mãe santíssima, de meus inimigos. Que eles tenham olhos e não me vejam. Que procurem e me não encontrem. Livrai-me das maldades que o mundo tem como artifício e da morte inesperada, para que eu possa morrer em vossa glória.

Mãe misericordiosa, tem piedade de mim.

(Rezar três Pais-Nossos e três Ave-marias.)

Oração a Nossa Senhora Aparecida

Querida Mãe, Nossa Senhora Aparecida, Vós que nos amais e nos guardais todos os dias, vós que sois a mais bela das Mães, a quem eu amo com todo o coração, eu vos peço mais uma vez que me ajudeis a alcançar a graça que vos peço, por mais dura que ela seja. Sei que vós me ajudareis e me acompanhareis sempre até a hora de minha morte. Amém.

(Rezar um Pai-nosso e três Ave-marias. Fazer três dias seguidos, e alcançará a graça pedida.)

Oração a Nossa Senhora Aparecida

Ó incomparável Senhora da Conceição Aparecida, Mãe de meu Deus, Rainha dos Anjos, advogada dos pecadores, refúgio e consolação dos aflitos e atribulados, ó Virgem Santíssima, cheia de poder e bondade, lançai sobre nós um olhar favorável, para que sejamos socorridos em todas as nossas necessidades. Lembrai-vos, clementíssima Mãe Aparecida, que não consta que, de todos os que têm a vós recorrido, invocado vosso santíssimo nome e implorado vossa singular proteção, algum fosse por vós abandonado. Animado com esta confiança a vós recorro: tomo-vos de hoje para sempre por minha mãe, minha consolação e guia, minha esperança e minha luz na hora da morte. Assim, pois, Senhora, livrai-me de tudo o que possa ofender-vos e a vosso Filho, meu Redentor e Senhor Jesus Cristo. Virgem bendita, preservai este vosso indigno servo, esta casa e seus habitantes de peste, fome, guerra, raios, tempestades e outros perigos e males que nos possam flagelar. Soberana senhora, dignai-vos dirigir-nos em todos os negócios espirituais e temporais; livrai-nos da tentação do demônio, para que, trilhando o caminho da virtude, pelos merecimentos da vossa puríssima virgindade e do preciosíssimo sangue de vosso Filho, vos possamos ver, amar e gozar na eterna glória, por todos os séculos dos séculos. Amém.

Oração a Nossa Senhora da Cabeça

Salve Imaculada, Rainha da Glória, Virgem Santíssima da Cabeça, em cujo admirável título fundam-se nossas esperanças, por serdes Rainha e Senhora de todas as criaturas. Refúgio dos Pecadores, rogai por nós.

Esta jaculatória, repetida milhares de vezes em todo o Universo, sobe ao trono de glória em que estais sentada e volta à Terra, trazendo aos pobres pecadores torrentes de luzes e de graças.

Socorrei-me, pois, ó dulcíssima Senhora da Cabeça. Eu vos suplico com filial confiança, pelos merecimentos das dores que sentistes ao ver vosso Divino Filho com a cabeça coroada de espinhos, que me livreis, e a todos os meus, de qualquer enfermidade da cabeça. Rogo-vos, também, ó Virgem Poderosíssima da Cabeça, que intercedais junto ao Bom Jesus, vosso dileto Filho, pelos que sofrem desses males, a fim de que, completamente curados, glorifiquem a Deus e exaltem vossa maternal bondade.

(Rezar um Pai-nosso, uma Ave-maria, um Glória e um Salve-rainha.)

Nossa Senhora da Cabeça, rogai por nós.

Oração a Nossa Senhora do Bom Parto

Virgem Santíssima, Virgem antes do parto, Virgem no parto, Virgem depois do parto – tal foi a obra do Espírito Santo, que gerou em vosso ventre imaculado o esplendor do mundo, vosso adorado e precioso Filho Jesus Cristo.

Infinita foi a vossa alegria em trazer nos braços esse penhor de eterna duração, essa fonte de riqueza que vos fez subir ainda mais a esse trono que tanto vos glorificou como rainha dos anjos, e por quem padecestes as mais tristes e incomparáveis mágoas, sobretudo quando vistes crucificado o vosso adorado Filho. Nessa hora em que tudo para vós era aflição e dor, nunca achastes quem vos consolasse, sendo a vossa ternura de mãe santíssima.

A todo momento, os pecadores precisam do vosso amor e da vossa bondade, porém nunca como nesta hora em que vos invoco, pedindo que me ajude, dando-me um bom sucesso e a todos quantos implorem o vosso Nome. Amém.

Oração a Nossa Senhora da Penha

Virgem Santíssima, Nossa Senhora da Penha, sois a consoladora dos aflitos; infundi em nossos corações o conforto e o alívio. Sois a nossa esperança.

Em vós depositamos a nossa confiança e esperamos de vossa bondade o lenitivo para as dores que nos acabrunham. Assisti-nos neste vale de lágrimas, enxugai-nos o pranto, para que, com paciência e em conformidade com a vontade divina, possamos merecer as vossas bênçãos e as de Jesus, vosso divino Filho.

(Rezar um Salve-rainha.)

Novena de Nossa Senhora da Conceição

Virgem puríssima, concebida sem pecado, e desde aquele primeiro instante toda bela e sem mancha, gloriosa Maria, cheia de graça, Mãe de meu Deus, Rainha dos anjos e dos homens, eu vos saúdo humildemente como Mãe do meu Salvador, que com aquela estima, respeito e submissão com que vos tratava, me ensinou quais sejam as honras e a veneração que eu devo prestar-vos; dignai-vos, eu vos rogo, receber as que nesta novena vos consagro. Vós sois o asilo seguro dos pecadores penitentes, e assim tenho razão em recorrer a vós; sois Mãe de misericórdia, e por este título não podeis deixar de enternecer-vos à vista das minhas misérias; sois depois de Jesus Cristo toda a minha esperança, e por esta razão não podereis deixar de reconhecer a terna confiança que tenho em vós; fazei-me digno de chamar-me vosso filho, para que possa confiadamente dizer-vos: mostrai que sois nossa Mãe!

✞ *Para o Primeiro Dia*

Eis-me aqui aos vossos santíssimos pés, ó Virgem Imaculada! Convosco me alegro sumamente, porque desde a eternidade fostes eleita Mãe do Verbo eterno e preservada da culpa original. Eu bendigo e dou graças à Santíssima Trindade, que vos enriqueceu com este privilégio em vossa Conceição, e humildemente suplico que me alcanceis a graça de vencer os tristes efeitos que em mim produziu o pecado.

Ah! Senhora, fazei que eu os vença e jamais deixe de amar a meu Deus.

✟ Para o Segundo Dia

Ó Maria, lírio imaculado de pureza, eu me congratulo convosco, porque desde o primeiro instante da vossa Conceição fostes cheia de graça e além disto vos foi conferido o perfeito uso da razão. Dou graças e adoro a Santíssima Trindade, que vos concedeu tão sublimes dons; e me confundo totalmente na vossa presença ao ver-me tão pobre de graça. Vós, que de graça celeste fostes tão copiosamente enriquecida, reparti-a com a minha alma e fazei-me participante dos tesouros que começastes a possuir em vossa Imaculada Conceição.

✟ Para o Terceiro Dia

Ó Maria, mística rosa de pureza, eu me alegro convosco, que gloriosamente triunfastes da infernal serpente, na vossa Imaculada Conceição, e que fostes concebida sem mácula de pecado. Dou graças e louvo a Santíssima Trindade, que tal privilégio vos concedeu, e vos suplico que me alcanceis força para superar todas as traições do inimigo comum, e para não manchar minha alma com o pecado.

Ah! Senhora, ajudai-me sempre, e fazei que, com a vossa proteção, sempre triunfe de todos os inimigos de nossa eterna salvação.

✞ Para o Quarto Dia

Ó espelho de pureza, Imaculada Virgem Maria, eu me encho de sumo gozo ao ver que desde a vossa Conceição, foram em vós infundidas as mais sublimes virtudes e, ao mesmo tempo, todos os dons do Espírito Santo. Dou graças e louvo a Santíssima Trindade que com estes privilégios vos favoreceu; e suplico-vos, ó benigna Mãe, que me alcanceis a prática das virtudes, e me façais também digno de receber os dons e a graça do Espírito Santo.

✞ Para o Quinto Dia

Ó Maria, refulgente luz de pureza, eu me congratulo convosco, porque o mistério de vossa Imaculada Conceição foi o princípio da salvação de todo o mundo. Dou graças e bendigo a Santíssima Trindade, que assim magnificou e glorificou vossa pessoa, e suplico que me alcanceis a graça de saber aproveitar-me da Paixão e Morte do vosso Jesus, e que não seja para mim inútil o seu sangue derramado na cruz, mas que viva santamente e salve a minha alma.

✞ Para o Sexto Dia

Ó estrela resplandecente de pureza, Imaculada Maria, eu me alegro convosco, de que a vossa Imaculada Conceição causasse um imenso gozo a todos os anjos do paraíso. Dou graças e bendigo a Santíssima Trindade, que vos enriqueceu com tão belo privilégio. Ah! Senhora, fazei que eu um dia tenha parte nessa alegria e que possa, em companhia dos anjos, louvar-vos e bendizer-vos eternamente.

✣ Para o Sétimo Dia

Ó aurora nascente e pura, Imaculada Maria, eu me alegro e exulto convosco porque no mesmo instante da vossa Conceição, fostes confirmada em graça e tornada impecável. Dou graças e exalto a Santíssima Trindade, que somente a vós distinguiu com esse especial privilégio. Ah! Virgem Santa, alcançai-me um total e contínuo aborrecimento do pecado sobre todos os outros males, e que antes morra do que torne a cometê-lo.

✣ Para o Oitavo Dia

Ó sol sem mácula, Virgem Maria, eu me congratulo convosco e me alegro de que em vossa Conceição vos fosse conferida por Deus uma graça maior e mais copiosa do que tiveram todos os Anjos e todos os Santos no auge de seus merecimentos. Dou graças e admiro a suma bondade da Santíssima Trindade, que vos enriqueceu com tal privilégio. Ah! Senhora, fazei com que eu corresponda à graça divina, e não torne a abusar dela; mudai-me o coração, e fazei que desde agora comece o meu arrependimento.

✣ Para o Nono Dia

Ó viva luz de santidade e exemplo de pureza, Virgem e Mãe, Maria Santíssima, vós, apenas concebida, adorastes profundamente a Deus e lhe destes graças porque, por meio de vós, levantada a antiga maldição, desceu uma grande bênção sobre os filhos de Adão. Ah! Senhora, fazei com que esta bênção acenda no meu coração um grande amor para com Deus; inflamai-o para que ame constantemente o mesmo Senhor, e depois goze eternamente do Paraíso, onde possa dar-lhe as mais vivas graças pelos singulares privilégios a vós concedidos e possa também ver-vos coroada de tamanha glória.

✝ *Jaculatória*

Senhora Aparecida, milagrosa padroeira, sede nossa guia nesta mortal carreira!

Ó Virgem Aparecida, sacrário do Redentor, dai à alma desfalecida vosso poder e valor.

Ó Virgem Aparecida, fiel e seguro nome, alcançai--nos graças na vida, favorecei-nos na morte!

Ofício de Nossa Senhora

O Ofício Divino, ou Liturgia das Horas, é um culto coletivo que consiste na recitação de hinos, orações e textos específicos para cada uma das horas canônicas. Esse culto é praticado por várias Igrejas cristãs, havendo apenas algumas variações na determinação das horas, que são sete ou oito. As Matinas correspondem aproximadamente às três horas da madrugada. As Laudes consistem na última hora antes da aurora; muitas vezes não tem ofício separado. A Prima começa imediatamente antes do amanhecer. A Terceira é o meio da manhã. A Sexta é o meio-dia. A Nona é o meio da tarde. As Vésperas constituem o serviço do anoitecer. As Completas consistem na última hora antes de dormir ou na meia-noite; às vezes também é suprimida.

✞ Matinas

Deus nos salve, Virgem, Filha de Deus Pai!

Deus nos salve, Virgem, Mãe de Deus Filho!

Deus nos salve, Virgem, Esposa do Divino Espírito Santo!

Deus nos salve, Virgem, Templo e Sacrário da Santíssima Trindade!

Agora, lábios meus, dizei e anunciai os grandes louvores da Virgem mãe de Deus.

Sede em meu favor, Virgem Soberana, livrai-me do inimigo com o vosso valor.

Glória ao Pai, ao Filho e ao Espírito Santo, que são um só Deus em três Pessoas, agora e sempre e sem fim. Amém.

Hino

Deus vos salve, Virgem Senhora do mundo.

Rainha dos céus e das virgens Virgem.

Estrela da manhã, Deus vos salve, cheia de graça divina, formosa e louçã.

Dai pressa, Senhora, em favor do mundo que vos reconhece como defensora.

Deus vos nomeou já "ad aeterno", para Mãe do Verbo com o qual criou terra, mar e céus.

E vos escolheu, quando Adão pecou, por esposa de Deus.

Deus a escolheu e já muito dantes, em seu tabernáculo morada lhe deu.

Ouvi, Mãe de Deus, minha oração, toquem vosso peito os clamores meus.

Oração

Santa Maria, Rainha dos céus, Mãe de Nosso Senhor Jesus Cristo, Senhora do mundo, que a nenhum pecador desamparais nem desprezais: ponde, Senhora, em mim os olhos de Vossa piedade, e alcançai-me de vosso amado Filho o perdão de todos os meus pecados, para que eu, que agora venero com devoção santa a Imaculada Conceição, mereça, na outra vida, alcançar o prêmio da bem-aventurança por mercê de vosso benditíssimo Filho, Jesus Cristo, Nosso Senhor, que com o Pai e o Espírito Santo vive e reina para sempre. Amém.

✞ *Prima*

Sede em meu favor, Virgem Soberana, livrai-me do inimigo com o vosso valor.

Glória seja ao Pai, ao Filho e ao Espírito Santo, que são um só Deus em três Pessoas, agora e sempre e sem fim. Amém.

Hino

Deus vos salve, mesa para Deus ornada, coluna sagrada de grande firmeza.

Casa dedicada a Deus Sempiterno, sempre preservada Virgem do pecado.

Antes que nascida fosses, Virgem Santa, no ventre ditoso de Ana concebida.

Sois Mãe criadora dos mortais viventes, sois dos Santos porta, dos Anjos Senhora.

Sois forte esquadrão contra o inimigo, Estrela de Jacó, refúgio do cristão.

A Virgem, a criou Deus no Espírito Santo, a todas as suas obras, com elas a ornou.

Ouvi, Mãe de Deus, minha oração, toquem vosso peito os clamores meus.

Oração

Santa Maria, Rainha dos céus, Mãe de Nosso Senhor Jesus Cristo, Senhora do mundo, que a nenhum pecador desamparais nem desprezais: ponde, Senhora, em mim os olhos de vossa piedade, e alcançai-me de vosso amado Filho o perdão de todos os meus pecados, para que eu, que agora venero com devoção santa a Imaculada Conceição, mereça, na outra vida, alcançar o prêmio da bem-aventurança por mercê de vosso benditíssimo Filho, Jesus Cristo, Nosso Senhor, que com o Pai e o Espírito Santo vive e reina para sempre. Amém.

✞ *Terça*

Sede em meu favor, Virgem Soberana, livrai-me do inimigo com o vosso valor.

Glória seja ao Pai, ao Filho e ao Espírito Santo, que são um só Deus em três Pessoas, agora e sempre e sem fim. Amém.

Hino

Deus vos salve, trono do grão Salomão, Arca do concerto, Velo de Gedeão.

Íris do céu clara, Sarça da visão.

Favo de Sansão, florescente vara; a qual escolheu para ser Mãe sua.

E de vós nasceu, o Filho de Deus.

Assim vos livrou, da culpa original, de nenhum pecado há em vós sinal.

Vós que habitais lá nessas alturas, lá tendes vosso trono sobre nuvens puras.

Ouvi, Mãe de Deus, minha oração, toquem vosso peito os clamores meus.

Oração

Santa Maria, Rainha dos céus, Mãe de Nosso Senhor Jesus Cristo, Senhora do mundo, que a nenhum pecador desamparais nem desprezais: ponde, Senhora, em mim os olhos de Vossa piedade, e alcançai-me de vosso amado Filho o perdão de todos os meus pecados, para que eu, que agora venero com devoção santa a Imaculada Conceição, mereça, na outra vida, alcançar o prêmio da bem-aventurança por mercê de vosso benditíssimo Filho, Jesus Cristo, Nosso Senhor, que com o Pai e o Espírito Santo vive e reina para sempre. Amém.

✞ *Sexta*

Sede em meu favor, Virgem Soberana, livrai-me do inimigo com o vosso valor.

Glória seja ao Pai, ao Filho e ao Espírito Santo, que são um só Deus em três pessoas, agora e sempre e sem fim. Amém.

Hino

Deus vos salve, Virgem da Trindade templo, alegria dos Anjos, da pureza exemplo.

Alegrais os tristes com vossa clemência, horto de deleites, palma de paciência.

Sois terra bendita e sacerdotal, sois da castidade símbolo real.

Cidade do Altíssimo, porta oriental, sois a mesma graça, Virgem singular.

Qual lírio cheiroso entre espinhas duras, tal sois vós, Senhora, entre as criaturas.

Ouvi, Mãe de Deus, minha oração, toquem vosso peito os clamores meus.

Oração

Santa Maria, Rainha dos céus, Mãe de Nosso Senhor Jesus Cristo, Senhora do mundo, que a nenhum pecador desamparais nem desprezais: ponde, Senhora, em mim os olhos de Vossa piedade, e alcançai-me de vosso amado Filho o perdão de todos os meus pecados, para que eu, que agora venero com devoção santa a Imaculada Conceição, mereça, na outra vida, alcançar o prêmio da bem-aventurança por mercê de vosso benditíssimo Filho, Jesus Cristo, Nosso Senhor, que com o Pai e o Espírito Santo vive e reina para sempre. Amém.

✠ *Vésperas*

Sede em meu favor, Virgem Soberana, livrai-me do inimigo com o vosso valor.

Glória seja ao Pai, ao Filho e ao Espírito Santo, que são um só Deus em três Pessoas, agora e sempre e sem fim. Amém.

Hino

Deus vos salve, relógio que, andando atrasado, serviu de sinal ao Verbo encarnado.

Para que o homem suba às sumas alturas desce Deus dos céus para as criaturas.

Com os raios claros do Sol da Justiça resplandece a Virgem, dando ao sol cobiça.

Sois lírio formoso, que cheiro respira entre os espinhos da serpente a ira.

Vós a quebrantais com vosso poder; os cegos errados os alumiais.

Fizestes nascer sol tão fecundo, e como nuvens, cobristes o mundo.

Ouvi, Mãe de Deus, minha oração, toquem vosso peito os clamores meus.

Oração

Santa Maria, Rainha dos céus, Mãe de Nosso Senhor Jesus Cristo, Senhora do mundo, que a nenhum pecador desamparais nem desprezais: ponde, Senhora, em mim os olhos de Vossa piedade, e alcançai-me de vosso amado Filho o perdão de todos os meus pecados, para que eu, que agora venero com devoção santa a Imaculada Conceição, mereça, na outra vida, alcançar o prêmio da bem-aventurança por mercê de vosso benditíssimo Filho, Jesus Cristo, Nosso Senhor, que com o Pai e o Espírito Santo vive e reina para sempre. Amém.

✝ *Completas*

Rogai a Deus, vós, Virgem, nos converta, que a sua ira se aparte de nós.

Sede em meu favor, Virgem Soberana, livrai-me do inimigo com o vosso valor.

Glória seja ao Pai, ao Filho e ao Espírito Santo, que são um só Deus em três Pessoas, agora e sempre e sem fim. Amém.

Hino

Deus vos salve, Virgem Mãe imaculada, Rainha de clemência de estrelas coroada.

Vós sobre os anjos, sois purificada.

De Deus à mão direita estais de ouro ornada.

Por vós, Mãe de graça, mereçamos ver a Deus nas alturas, com todo o prazer.

Pois sois esperança dos pobres errantes, e seguro porto aos navegantes.

Estrela do mar e saúde certa, e porta que estais para o céu aberta.

É óleo derramado, Virgem, vosso nome, e os vossos servos vos hão sempre amado.

Ouvi, Mãe de Deus, minha oração, toquem vosso peito os clamores meus.

Oração

Santa Maria, Rainha dos céus, Mãe de Nosso Senhor Jesus Cristo, Senhora do mundo, que a nenhum pecador desamparais nem desprezais: ponde, Senhora, em mim os olhos de Vossa piedade, e alcançai-me de vosso amado Filho o perdão de todos os meus pecados, para que eu, que agora venero com devoção santa a Imaculada Conceição, mereça, na outra vida, alcançar o prêmio da bem-aventurança por mercê de vosso benditíssimo Filho, Jesus Cristo, Nosso Senhor, que com o Pai e o Espírito Santo vive e reina para sempre. Amém.

Oferecimento

Humildes, oferecemos a vós, Virgem pia, estas orações, porque em nosso guia, vedes vós adiante e, na agonia, vós nos animais, ó doce Maria. Amém.

Rosário da Bem-Aventurada Virgem Maria

O rosário é uma devoção muito antiga, que provavelmente vem do tempo dos cruzados, sendo usado na Igreja Bizantina desde o início do cristianismo. Segundo os historiadores, ele começou a ser usado na Europa como forma de contagem de orações no século IX. Naquela época, a principal devoção monástica era a recitação dos 150 salmos de Davi. Quando essa devoção foi adaptada para os leigos, surgiu uma dificuldade: esses eram geralmente analfabetos e era impossível decorar todo o Livro dos Salmos. Por isso, os padres recomendaram sua substituição pelo Pai-nosso repetido 150 vezes. As pessoas passaram, então, a usar um cordão com 150 contas; depois essas foram reduzidas para 50, sendo o cordão passado três vezes para completar o número total dos salmos.

Com o tempo, foram desenvolvidos outros três conjuntos de oração próprios para a devoção: a Saudação Angélica, que era um diálogo formado por parte da atual Ave-maria; o Saltério de Nosso Senhor Jesus Cristo, com 150 louvores baseados nos salmos; e o Saltério Mariano, com 150 saudações à Virgem. Este último foi chamado 'rosarium', ou buquê de rosas.

No século XIV, os quatro conjuntos foram fundidos em um só rosário que combinava 50 meditações sobre Jesus com 50 Ave-marias. Mais tarde, os 50 pensamentos foram reduzidos aos 15 mistérios usados hoje. O rosário reduzido, com a terça parte do total de contas, é chamado 'terço'; este é o modelo usado hoje para a devoção mariana, embora existam outros terços utilizados para outras devoções.

Para realizar corretamente a devoção, a pessoa deve, no início de cada dezena de Ave-marias, criar uma imagem clara do mistério que está sendo contemplado, mantendo essa imagem bem nítida na mente enquanto recita as dez orações. Como o rosário é formado por cinco grupos de dez contas, para que seja feita a contemplação de todos os mistérios da vida de Jesus e Maria, pode-se contemplar, a cada dia, um dos três grupos de cinco em que eles são divididos. Os mistérios gozosos (sobre a infância de Jesus) são meditados às segundas e quintas-feiras; os dolorosos (sobre o martírio de Jesus), às terças e sextas-feiras; e os gloriosos (sobre a ressurreição de Jesus e a assunção de Maria), às quartas-

-feiras e sábados. Aos domingos o ideal é que seja feita a devoção inteira; caso isso não seja possível, devem ser meditados os mistérios gloriosos.

O terço mariano é formado por cinco grupos de dez contas cada um, separados por uma conta diferente em que são recitados o Pai-nosso inicial e o Glória final de cada sequência. O círculo é fechado por uma medalha com a imagem da Virgem Maria. Dessa medalha sai um grupo de cinco contas arrematado por um crucifixo. Esse grupo é usado para a recitação das orações preparatórias, antes das quais é declarado o oferecimento da devoção.

✞ Oferecimento do Terço

Divino Jesus, eu vos ofereço este terço que vou rezar, meditando sobre os mistérios da vossa redenção. Concedei-me, por intercessão da Virgem Maria, Mãe de Deus e minha mãe santíssima, as virtudes que me são necessárias para bem rezá-lo e a graça de ganhar as indulgências desta santa devoção.

✞ Orações preparatórias

No crucifixo – um Credo.

Na primeira conta – um Pai-nosso.

Nas três contas seguintes – uma Ave-maria em cada uma.

Na quinta conta – um Glória ao Pai.

Jaculatória: "Ó meu Jesus, perdoai-nos, livrai-nos do fogo do inferno, levai as almas todas para o céu e socorrei principalmente as que mais precisarem."

✞ Contemplação de cada mistério

Na conta diferente antes do grupo de dez (para o primeiro mistério, é a medalha) – declarar o mistério a ser meditado e rezar um Pai-nosso. Ao fazer a declaração do mistério, pode ser lido o trecho do Evangelho que o descreve.

Nas dez contas iguais – uma Ave-maria em cada uma, enquanto é visualizado o mistério.

Na conta diferente final (para o último mistério, é a medalha) – um Glória ao Pai. Nas aparições de Fátima, foi recomendado que, nesse momento, também seja recitada a Jaculatória (ver nas orações preparatórias), antes de iniciar o mistério seguinte.

✞ Encerramento

Na medalha – um Salve-rainha.

✞ Mistérios Gozosos

Primeiro mistério: O anjo Gabriel foi enviado por Deus a Nazaré, onde anunciou a Maria, uma virgem que desposara José, descendente de Davi, que o Espírito de Deus desceria sobre ela, que teria um filho santo; e Maria aceitou, declarando-se serva do Senhor. (Lc 1, 28-38)

Segundo mistério: Maria foi visitar sua prima Isabel, que também estava grávida. Assim que Isabel ouviu a saudação da prima, o filho estremeceu em seu ventre, e por isso ela reconheceu que Maria era a mãe do Senhor. (Lc 1, 39-56)

Terceiro mistério: Quando José e Maria foram a Belém, para o recenseamento, Maria deu à luz em uma gruta e colocou seu filho em uma manjedoura, pois não haviam encontrado lugar em uma hospedaria; e, avisados por um anjo, pastores foram visitar o Cristo Salvador. (Lc 2, 6-21)

Quarto mistério: Quando foram completados os dias de purificação, segundo a lei de Moisés, o primogênito de José foi levado ao templo para ser consagrado a Deus. Nessa ocasião, Simeão e Ana profetizaram a grandeza da missão do menino como salvador do povo de Israel. (Lc 2, 22-39)

Quinto mistério: Todos os anos, José ia com a família a Jerusalém na época da Páscoa. Quando Jesus estava com doze anos, separou-se da família, já na viagem de volta. Os pais o procuraram por três dias e foram encontrá-lo no templo, debatendo com os sábios. (Lc 2, 41-52)

✞ **Mistérios Dolorosos**

Primeiro mistério: Jesus foi com alguns discípulos até o monte das Oliveiras. Afastou-se para orar e, tomado de angústia, pediu ao Pai que afastasse o cálice do sofrimento, se isso fosse possível; mas, submisso à vontade divina, acordou os companheiros e foi ao encontro dos soldados. (Mt 26, 36-46)

Segundo mistério: Jesus foi levado diante de Pilatos que não lhe encontrou culpas graves mas, para atender aos sacerdotes e fariseus, condenou-o à morte e entregou-o aos soldados para que fosse açoitado antes do suplício. (Mt 27, 11-26)

Terceiro mistério: Os soldados despiram Jesus, puseram-lhe um manto escarlate e uma coroa de espinhos; zombaram dele, cuspiram em seu rosto e o espancaram. Depois disso, levaram-no para crucificar. (Mt 27, 27-31)

Quarto mistério: Os soldados puseram a cruz sobre o ombro de Jesus e o obrigaram a carregá-la por todo o percurso entre o tribunal e o monte Gólgota, junto com dois ladrões. Durante o caminho, Jesus caiu várias vezes e chegou ao destino quase sem forças. (Jo 19, 17; Lc 23, 26-32)

Quinto mistério: Jesus foi crucificado no meio dos dois ladrões, na hora sexta (ao meio-dia). Durante três horas ele agonizou, assistido por seus amigos. Pediu de beber; deram-lhe vinagre e ele desfaleceu. Um soldado feriu seu flanco e ele foi descido da cruz e sepultado. (Jo 15, 24-47)

✞ Mistérios Gloriosos

Primeiro mistério: Depois do sábado, as mulheres foram ao túmulo. Encontraram-no aberto e dois anjos lhes anunciaram a ressurreição. Nesse mesmo dia, Jesus apareceu a Madalena, a dois discípulos na estrada de Emaús e aos onze reunidos em Jerusalém. (Lc 24, 1 - 49; Jo 20, 1-29)

Segundo mistério: Depois de aparecer aos discípulos durante quarenta dias, Jesus levou-os até o monte das Oliveiras. Ali, diante dos seus olhos, elevou-se do chão e subiu em direção ao céu, até que foi oculto pelas nuvens. Então, dois anjos anunciaram que ele retornaria. (At 1, 3-11)

Terceiro mistério: No dia do Pentecostes, estavam os discípulos reunidos em Jerusalém, em meio a uma grande assembleia. De repente, ouviu-se um grande ruído e surgiram do céu línguas de fogo, que repousaram sobre cada um deles, que começaram a falar em várias línguas. (At 2, 1-13)

Quarto mistério: Alguns anos depois da morte e ressurreição de Jesus, Maria Santíssima ascendeu ao céu em seu corpo terreno, sem passar pela morte, realizando a promessa de glorificação que lhe fora feita pelo anjo do Senhor. (Lc 1, 46-50)

Quinto mistério: Chegando ao céu, Maria Santíssima foi coroada Rainha por Deus, e passou a viver por toda a eternidade sentada em seu trono junto ao Pai, ao Filho e ao Espírito Santo. (Ap 12, 1)

ORAÇÕES AOS ANJOS E ARCANJOS

Antes de criar o mundo das coisas visíveis, Deus criou os espíritos puros, nunca encarnados, que chamou de anjos. Deus os fez para que eles o servissem e ajudassem no governo do mundo. Esses espíritos existem em número infinito e se organizam em nove coros angélicos: os serafins (serpentes de fogo) e os querubins (com três pares de asas e quatro faces, de touro, homem, águia e leão) são os guardiães do trono de Deus. Depois deles vêm os tronos, as dominações, os principados, as potestades, as virtudes, os arcanjos (que chefiam as hostes celestes) e os anjos, que formam o exército do Senhor.

Anjo da Guarda

O anjo de guarda pessoal é diferente de outros tipos de anjos guardiães, como os anjos das nações, dos dias e das horas. Todas as pessoas que nascem em um país recebem a proteção do anjo guardião dessa nação. Da mesma forma, todos os que nascem em um mesmo dia do ano, em qualquer lugar do mundo e em qualquer época, recebem a proteção do anjo desse dia, o mesmo ocorrendo com o anjo da hora de seu nascimento. Entretanto, o anjo de guarda pessoal é único e o mais importante de todos, pois é o que tem a ligação mais estreita com a vida do indivíduo. Ele é um protetor e conselheiro pessoal. Existe no céu uma infinidade de anjos; cada um deles é designado por Deus para acompanhar um único indivíduo ao longo da sua vida e ser seu companheiro após a morte. É ainda o anjo de guarda quem intercede pela pessoa junto a Deus.

A devoção ao anjo de guarda é uma das mais importantes na religião católica. Seu dia votivo é 2 de outubro.

✞ Oração ao Anjo da Guarda

Santo Anjo do Senhor, meu zeloso guardador, se a ti me confiou a piedade divina, sempre me rege, me guarda, me governa, me ilumina. Amém.

Santos Arcanjos

Na Bíblia são nomeados três arcanjos: Miguel, Gabriel e Rafael. Os três são cultuados no dia 29 de setembro. São Miguel é o comandante das hostes celestes e aquele que protege, com sua espada, as almas contra os demônios. É padroeiro dos policiais, dos paraquedistas e das forças de segurança, além de proteger os fiéis nas batalhas materiais e espirituais.

São Gabriel é o arcanjo que anunciou o nascimento de João Batista a Zacarias e de Jesus a Maria e José. Por isso é o patrono dos que trabalham em telecomunicações, dos mensageiros, carteiros, diplomatas, e de todas as formas de comunicação entre as pessoas.

São Rafael é o arcanjo que acompanha Tobias em sua viagem e lhe ensina o remédio para curar a cegueira do pai, além de ajudá-lo a casar-se com Sara. Por tudo isso, é patrono dos cegos, dos viajantes, dos enfermeiros, médicos e namorados.

✟ *Oração a São Miguel*

Ó Arcanjo São Miguel, meu poderoso protetor, a quem o Deus onipotente encarregou da defesa de todos os homens, apesar de ter ele o seu anjo da guarda, e que sois comandante de nove coros angélicos; vossa prerrogativa me anima a suplicar-vos que me perdoeis o atrevimento com que vos falo, apontando-vos a relaxação, soberba, altivez, desenvoltura, falta de religião e vícios de que estão possuídos e arrastados os corações dos cristãos, por causa dos arranjos e sugestões com que Satanás os tem subjugado.

Decepai com a vossa invencível espada, ó meu Divino Protetor, a cabeça do inimigo comum, para que possa haver reta justiça, e todos cumpram com exatidão seus deveres. Ressoai por toda a Terra vossa trombeta terrível, para que o seu admirável som sossegue e tranquilize os amigos inquietos e para que se desterrem, anulem e destruam os erros, heresias e pecados, a fim de podermos, com a vossa proteção, ir captar os séculos dos séculos. Amém.

✟ *Oração a São Miguel*

Miguel Arcanjo, que obtivestes a guarda do Paraíso, vinde socorrer o povo de Deus e comprazei-vos em nos defender contra as tentações do demônio e, em geral, contra todos os nossos inimigos, que são muito poderosos, e levai-nos à presença de Deus, mansão dos bem-aventurados.

Senhor Deus meu, cantarei vossos louvores em presença de vossos anjos.

Eu vos dedicarei as minhas mais humildes homenagens em vosso Santo Templo e anunciarei a grandeza de vosso Santíssimo Nome por todos os séculos. Amém.

✞ Oração a São Gabriel

Abençoado Arcanjo Gabriel, vós que sois o mensageiro celeste, intercedei por mim junto ao trono da Divina Misericórdia, para que eu seja amparado em minhas dificuldades presentes. Arauto de Deus, palavra do Senhor, trazei para o mundo terreno a paz e a concórdia. Que sob vossa influência os inimigos se reconciliem e os ódios desapareçam. Olhai particularmente por .... e .... (dizer os nomes dos inimigos), que hoje são vítimas da incompreensão. Levai a Deus a minha prece, para que Ele derrame sua luz sobre esses corações e os torne mais acessíveis a seus irmãos. Amém.

✞ Oração a São Rafael

Rafael, anjo dos encontros afortunados, levai-nos até aqueles que nos esperam e trazei aqueles que esperamos. Fazei com que nossos movimentos e os movimentos deles sejam guiados por vossa luz e transfigurados por vossa alegria. Anjo guia de Tobias, ouvi o pedido que agora vos faço. Sozinho e cansado, alquebrado pelas separações e pelos sofrimentos, anseio pela proteção de vossas asas, para que não me sinta estrangeiro na província da alegria, ignorante do que ocorre em vosso reino. Lembrai-vos do fraco, ó vós que sois forte, vós cuja casa fica além da região do trovão, numa terra em que há sempre paz, que é sempre serena e que brilha com a resplandecente glória de Deus. Amém.

✞ *Oração dos Santos Arcanjos*

Deus meu! Sê-me propício, por indigno que eu seja de tuas mercês, e faz que sempre minhas palavras cheguem a ti para que conheças meu espírito. Deus de Abraão, Deus de Isaac, Deus de Jacó, tem piedade de mim e manda em meu auxílio teu São Miguel Arcanjo para que me defenda do mal e possa ver qual é a minha admiração por ti.

Bem-aventurados São Gabriel, São Rafael e todos os santos da corte celeste, socorrei-me e concedei-me a graça de que meus inimigos, que também têm de ser inimigos de Deus, não possam fazer-me sofrer suas maldades, pois enquanto estou acordado, penso em Deus, e quando durmo, sonho com suas grandezas e maravilhas.

Salvador do mundo, não me desampares. Já que me livraste de outro mal maior, que é morrer no inferno, completa tua obra e concede-me tua graça. Manda teus anjos estenderem suas asas sobre mim, para que eu seja salvo.

Deus todo-poderoso, tende piedade de mim. Jesus Cristo, salva-me. Em nome do Pai, do Filho e do Espírito Santo. Amém.

ORAÇÕES E DEVOÇÕES AOS SANTOS

Os santos são almas bem-aventuradas que, por sua vida terrena santa e milagrosa, receberam os dons de viver a vida eterna junto de Deus e de interceder junto a Ele pelas pessoas que oram pedindo seu auxílio. A devoção aos santos é importante porque eles são exemplos vivos de como deve ser a vida do cristão. Por isso, mais que apelar a eles somente em horas de necessidade, o fiel deve cultivar a conversa diária com os santos de sua devoção, a meditação sobre suas virtudes e a imitação de sua vida terrena no que se refere às suas qualidades espirituais.

Águeda

Águeda, ou Ágata, nasceu na Sicília, no século III, de família nobre e rica. Foi pedida em casamento pelo cônsul romano Quinciano, mas recusou, pois escolhera a vida religiosa. Não conseguindo conquistá-la, o cônsul mandou prendê-la e torturá-la. Depois de lhe arrancarem os seios com tenazes, Águeda foi queimada com carvões em brasa. Segundo a tradição, um ano após sua morte, ela deteve uma erupção do vulcão Etna. Por tudo isso, Agueda protege contra doenças do seio, incêndios e erupções vulcânicas. É padroeira dos sineiros, das enfermeiras e dos que sofrem e são assassinados por defender a fé e a moral. Seu dia é 5 de fevereiro.

✟ Oração a Santa Águeda

Gloriosa virgem e mártir, tu heroicamente resististe às tentações de um homem poderoso e degenerado. Sujeita a longas e terríveis torturas, mantiveste a fé em teu esposo celeste. Ajuda-nos hoje, para que possamos ver Cristo em cada pessoa e prestar-lhe verdadeiro serviço. Protege-nos daqueles que nos querem humilhar e destruir, para em nós desmoralizar a fé em Deus. Dai-nos força igual à que tiveste para resistir aos tormentos que povoaram tua vida. Santa Águeda, rogai por nós. Amém.

Ana

As únicas referências aos pais da Virgem Maria aparecem em escritos apócrifos, surgidos a partir do século II. Os estudiosos das escrituras encontram a fonte da biografia a eles atribuída na história da mãe de Samuel, registrada no Velho Testamento. Como é narrado no Protoevangelho de Tiago (escrito no século II), Ana, esposa de Joaquim, era estéril. Depois de muitos anos de casamento, Ana conseguiu ter uma filha, depois de fazer a Deus a promessa de consagrar ao serviço divino o filho que pudesse ter. Quando a menina completou três anos, Ana levou-a para o templo, onde a deixou aos cuidados dos sacerdotes. Santa Ana foi cultuada na Igreja Oriental desde o século VI. Aos poucos, seu culto se espalhou pelos países da Europa, até que a Igreja Romana o oficializou no final do século XVI. Lembrada no dia 26 de julho, Santa Ana é padroeira das avós, da família, das mães, das gestantes e dos idosos.

✞ *Oração a Santa Ana*

Santa Ana gloriosa, Mãe da Mãe de Deus, minha alma não será ingrata aos vossos favores. Mãe amorosa, socorrei-me nos trabalhos desta vida. Tesouro de paciência, inflamai-me com vossa virtude e casta paciência. Mãe cuidadosa, protegei-me contra o poder do demônio. Socorrei-me em minha fraqueza, dando-me virtude, perseverança e firmeza.

(Pai-nosso e Ave-maria.)

✞ *Oração a Santa Ana*

Milagrosa Santa Ana, que merecestes do Eterno ser escolhida para mãe da Mãe de Deus, guiai-me no caminho da vida que tenho a percorrer até chegar às portas da eternidade. Maria Santíssima, educada por Vós foi Virgem prudentíssima e venerável; foi o espelho da justiça e foi o assento da sabedoria. Que não serei eu, milagrosa Senhora, se merecer, pela minha devoção para convosco, que me tomeis sob a vossa proteção, e me ensineis o caminho da virtude e a estrada do Céu? Rogo-vos pois, Senhora, que não me abandoneis neste mundo, ajudando-me a alcançar a glória da vida eterna. Amém.

André

O apóstolo André era irmão de Pedro e, como ele, vivia na cidade de Cafarnaum e era pescador no lago Tiberíades, também chamado mar da Galileia. Junto com o irmão, foi o primeiro discípulo escolhido por Jesus. Segundo o Evangelho de São João, foi o primeiro a reconhecer Jesus como o Messias: ele e João Evangelista eram discípulos de João Batista e o viram reconhecer Jesus, a quem seguiram, abordando-o e declarando sua intenção de segui-lo. Foi também o primeiro a recrutar novos discípulos, pois foi quem procurou Pedro e levou-o ao encontro de Jesus. No episódio da multiplicação dos pães e dos peixes, às margens do lago de Tiberíades, foi André quem levou a Jesus o menino que tinha os cinco pães e os dois peixes que foram a semente do milagre. Supõe-se que, depois da morte de Jesus, foi evangelizar o sul da Rússia. Seu dia votivo é 30 de novembro. É considerado o grande intermediário para os que desejam apelar a Jesus; é também padroeiro dos pescadores e dos doentes de gota.

✞ Oração a Santo André

Glorioso Santo André, fostes o primeiro a reconhecer e seguir o Cordeiro de Deus. Com vosso amigo São João, estivestes com Jesus desde o primeiro dia, por toda a vossa vida, e agora por toda a eternidade. Como vós levastes vosso irmão Pedro e muitos outros depois dele até Cristo, fazei o mesmo por nós. Ensinai-nos a levar outros para Cristo somente por amor dele e dedicação a seu serviço. Ajudai-nos a aprender a lição da cruz e levar nossas cruzes diárias sem lamentações, para que elas possam conduzir-nos a Jesus. Amém.

Antão (Antônio do Egito)

Nascido no Egito, em 250, aos 20 anos o abade Antônio tornou-se eremita no deserto. Assim viveu até o ano de 356, sempre isolado, embora recebesse muitos visitantes atraídos por sua fama de santidade. Santo Antônio do Egito ou Santo Antônio Abade são seus nomes mais conhecidos, sendo que em Portugal ficou popularmente conhecido como Santo Antão. Por duas vezes viajou, indo a Alexandria e a Niceia, a fim de estimular os cristãos a se unificarem e lutarem contra as cisões da religião. São famosas as tentações que sofreu e venceu durante os anos passados no deserto. Morreu em estado de santidade. Reverenciado em 17 de janeiro, é patrono dos cesteiros, açougueiros, coveiros, lustradores, eremitas e monges, além de proteger os animais domésticos.

✞ *Oração a Santo Antão*

Senhor Deus, destes a Santo Antônio Abade a graça de servir no deserto orando a vós. Ajudado por sua intercessão, permiti que eu possa penitenciar-me de meus erros e sempre amar-vos sobre todas as coisas. Santo Antão, protegei os pequenos animais que criamos e ajudai-nos a ver neles também a imagem do amor de Deus. Amém.

Antônio de Pádua

Santo Antônio nasceu em Lisboa em 1195, sendo consagrado pela mãe para a vida religiosa. Ordenou-se padre agostiniano, mas pouco tempo depois passou para a ordem franciscana, fascinado pelo trabalho missionário. Partiu com um grupo para o Marrocos, mas uma doença grave obrigou-o a retornar para a Europa. No meio da viagem, uma tempestade quase os fez naufragarem. Salvo milagrosamente, o barco foi aportar na Sicília. Desde então, Antônio radicou-se na Itália. São Francisco, que ainda dirigia a ordem, designou-o professor das escolas franciscanas. Percorreu vários países da Europa, em missões de evangelização, fundando e dirigindo diversos conventos. Ficou famoso por muitos milagres, entre eles suas conversas com o menino Jesus, curas, ressurreições, presença em dois lugares simultaneamente, pregações a animais, reconciliação de casais e possibilidade de ser entendido em várias línguas ao mesmo tempo. Morreu em Pádua, em 1231, sendo canonizado um ano depois. É patrono dos pobres e dos viajantes. Auxilia as mulheres estéreis, os famintos, os náufragos; e ajuda a encontrar objetos perdidos. Por proteger os casais, é invocado no Brasil como casamenteiro.

✞ *Oração a Santo Antônio*

Glorioso Santo Antônio, amigo do Menino Jesus e servo fiel de Maria Santíssima, nunca se ouviu dizer de alguém que a vós tivesse recorrido, que tenha ficado desamparado. É por isso que, pecador que sou, sinto confiança em recorrer a vós. Tomai sob vossa proteção minha vida e meus trabalhos; protegei-me e defendei-me nos perigos e nas aflições do corpo e da alma. Intercedei por mim junto a Cristo e, se for para o meu bem, fazei com que eu alcance a graça que vos peço (especificar o pedido). Amém.

✞ Corrente da Fita de Santo Antônio

(Esta oração deve ser rezada durante treze terças-feiras seguidas. Quando for rezar, pegue a fita que acompanha a oração. O texto apresentado a seguir é o que deve ser escrito nas cópias a serem distribuídas.)

"*Trezena de Santo Antônio:*

Só faça a trezena quando precisar de algo urgente.

Pode guardar essa cópia pelo tempo que quiser, até quando for necessário.

Se não for católico ou não precisar dessa oração, não a destrua. Entregue, junto com a fita, para alguém que esteja necessitando muito receber uma graça.

Oração:

'Santo Antônio, que a pena que hoje me aflige se torne alegre.' (fazer o pedido)

(Reze um Pai-nosso, três Ave-marias e um Glória ao Pai.)

Dê um nó na fita a cada dia em que rezar.

É tão grande o milagre, que não se chega a dar o quinto nó e a graça é alcançada.

A cada terça-feira, dê três cópias deste texto, cada uma com uma fita azul-real de 30cm, para alguém que esteja precisando.

Alcançando a graça, coloque a fita com os nós junto à imagem de Santo Antônio de uma igreja."

Bárbara

Não se sabe onde nem quando viveu Santa Bárbara. Segundo a tradição, ela era filha de um homem muito rico que, querendo evitar que a filha se interessasse por algum rapaz pobre, deixava-a trancada em uma torre durante suas viagens. Em uma dessas ocasiões, Bárbara converteu-se ao cristianismo e fugiu da torre. Sendo capturada e levada a julgamento, foi condenada à morte, sendo decapitada pelo próprio pai. Entretanto, quando a espada cortou a cabeça da santa, um raio matou seu executor. Na Idade Média, Santa Bárbara era um dos 14 santos auxiliares, invocados nas grandes necessidades. Padroeira dos arquitetos, pedreiros, mineiros, fundidores, artilheiros e todos os que lidam com explosivos, a santa protege contra morte súbita, raios, fogo e explosões. E lembrada no dia 4 de dezembro.

✞ *Oração a Santa Bárbara*

Senhor, nós vos pedimos que, por intercessão da bem-aventurada Santa Bárbara, vossa virgem e mártir, sempre nos valha para que não morramos de repente, mas que, antes do dia da nossa morte, sejamos fortalecidos saudavelmente com os sacramentos no vosso

Santíssimo Corpo e Sagrada Unção; que sejamos livres de todo mal e guiados para o reino dos céus. Por Cristo nosso Senhor. Amém.

(Rezar um Pai-nosso, uma Ave-maria e um Glória ao Pai)

Barnabé

Barnabé, também chamado José, era um levita rico, nascido em Chipre. Barnabé juntou-se à comunidade cristã de Jerusalém pouco tempo após a crucifixão de Cristo. Como é narrado nos Atos dos Apóstolos, ele vendeu sua propriedade e entregou o dinheiro obtido à comunidade. Um ato notável de Barnabé foi levar Paulo, recém-convertido, ao encontro dos discípulos de Jerusalém, que ainda não confiavam nele. Desde então, os dois percorreram a Judeia em missão evangélica. Mais tarde, Barnabé foi enviado a Antióquia, onde fundou uma igreja, organizando a comunidade cristã que já existia. Foi buscar Paulo em Tarso, para onde ele precisara fugir, e os dois trabalharam por um ano na comunidade de Antióquia, onde pela primeira vez os discípulos foram chamados de "cristãos". Depois desse período, Barnabé e Paulo realizaram juntos muitas missões em Jerusalém, Chipre e Ásia Menor. Quando se separaram, Barnabé foi com Marcos para Chipre. Nada mais se sabe sobre sua vida; segundo a tradição, Barnabé foi martirizado e sepultado em Chipre, cuja Igreja, de linha ortodoxa, se considera fundada por ele. Seu dia votivo é 11 de junho.

✝ Oração a São Barnabé

Deus todo-poderoso, Vós enchestes Barnabé com a fé e o Espírito Santo, e o enviastes para converter as nações. Ajudai-nos a, como ele, proclamar o Evangelho por meio de palavras e ações. Nós Vos imploramos por nosso senhor Jesus Cristo, Vosso Filho, que vive e reina convosco e com o Espírito Santo, Deus uno, por toda a eternidade. Amém.

Bartolomeu

Bartolomeu, inicialmente chamado Natanael, era filho de um agricultor de Caná e amigo de Filipe, um dos primeiros discípulos de Jesus. Bartolomeu fez-se notar por ter impressionado Jesus com sua franqueza. Como os habitantes de Caná tinham uma velha rixa com os de Nazaré, Natanael demonstrou abertamente seu desprezo quando o amigo Filipe veio dizer-lhe que encontrara o Messias, chamado Jesus de Nazaré. Em vez de se ofender, Jesus elogiou sua sinceridade, antes de dar-lhe provas de que era realmente o Messias, conquistando logo o apoio incondicional de Bartolomeu. Nada mais é dito sobre suas atividades nos Evangelhos. Segundo uma tradição armênia, Bartolomeu foi apóstolo na Índia e depois foi para a Armênia, onde conseguiu realizar muitas conversões, inclusive entre a nobreza. Entretanto, os sacerdotes locais, preocupados com sua ascendência sobre o rei convertido, conseguiram que ele fosse preso e condenado à morte. Assim, Bartolomeu foi esfolado vivo e a seguir decapitado. Seu dia votivo é 24 de agosto e ele é patrono dos estucadores, encadernadores, coureiros, açougueiros e sapateiros, além de ser invocado em doenças nervosas.

✞ *Oração a São Bartolomeu*

Glorioso São Bartolomeu, Jesus chamou-vos pessoa sem astúcia e vós vistes em sua palavra o sinal de que ele era o filho de Deus e o rei de Israel. Obtende para nós a graça de ser sempre sinceros e inocentes como pombos. Ao mesmo tempo ajudai-nos a ter vosso dom de fé para ver a mão divina nos eventos da vida diária. Possamos nós discernir os sinais dos tempos que levam a Jesus na terra e que nos unirão a Ele pela eternidade no céu. Amém.

Benedito

Benedito, o mouro (ou o negro) nasceu em Messina (Itália) em 1526 e morreu em 1589. Filho de um casal de escravos africanos, também era escravo. Foi libertado aos 18 anos e permaneceu trabalhando como pastor para seu antigo dono. Embora fosse um trabalhador livre, era humilhado pelos companheiros, por causa de sua origem e cor. Aos 21 anos foi convidado a viver em um eremitério e, anos depois, tornou-se frade. Embora fosse analfabeto, mostrou-se um excelente explicador das escrituras, o que lhe valeu o cargo de tutor de noviços. Entretanto, sua humildade o fez pedir para trabalhar na cozinha do convento. Além de ser caridoso e piedoso, Benedito tinha fama de taumaturgo ainda em vida. Reverenciado no dia 31 de março, é o patrono das populações afro-americanas, além de proteger os trabalhadores contra maus-tratos e explorações.

✞ Oração a São Benedito

Dai-me, meu São Benedito, vigor e constância porque sou fraco e frágil; sem a vossa graça não posso alcançá-los, porque sou sujeito às iras da maldade humana, nesta vida cheia de espinhos e tropeços. Ajudai- me com vossa divina luz e livrai-me das tentações do pecado, para que me torne digno da felicidade eterna, que só pode alcançar quem como vós seguir a virtude e a caridade. Sede meu escudo contra meus inimigos, abrandai seu coração, confundi-os para que só o vosso nome os espante e afugente; sede meu guia para a bem-aventurança eterna. Amém.

(Rezar uma vez por semana, acrescentando um Pai-nosso e uma Ave-maria, pelas almas do purgatório.)

✞ Oração a São Benedito

Glorioso São Benedito, bem aventurado que fostes pela mansidão, paciência, sofrimento e santas virtudes, sempre abraçado com a cruz da Redenção, por vossa humildade e caridade, fostes remido na terra para gozar o fruto de vossas obras no céu junto ao divino coro dos anjos na glória eterna. Glorioso São Benedito, sede meu protetor amado, dai-me a graça de que necessito para poder imitar vossas virtudes e as dos outros santos porque, tomando-vos por modelo, possa tornar-me digno das promessas de Nosso Senhor Jesus Cristo. Amém.

(Rezar um Pai-nosso e uma Ave-maria, pelas almas do purgatório.)

Bento

São Bento nasceu na Itália, no final do século V, de uma família nobre. Depois de estudar filosofia em Roma e ingressar na vida religiosa, viveu por vários anos como eremita. A seguir foi para o mosteiro de Vicovaro. Lá foi eleito prior, mas logo os monges, insatisfeitos com a disciplina que Bento impunha, tentaram matá-lo com uma bebida envenenada. Salvando-se milagrosamente, Bento foi com um pequeno grupo para o monte Cassino (no sul da Itália) onde fundou um mosteiro. Este foi o primeiro da Ordem Beneditina, cuja Regra foi logo elaborada. Essa regra, modelo da vida monástica cristã, baseia-se em disciplina, oração e trabalho. Além de dirigir e expandir a Ordem, São Bento tornou-se conhecido por suas bênçãos e por exorcismos milagrosos nos quais o monge recitava uma oração e usava o sinal da cruz. Por isso, depois de sua morte, os monges de Monte Cassino obtiveram autorização do papa para cunhar uma medalha com a imagem do santo, tendo no verso uma cruz e a fórmula exorcística por ele consagrada. Essa medalha é um dos sacramentais católicos e é considerada uma grande proteção contra forças maléficas. São Bento é comemorado no dia 11 de julho. Padroeiro dos espeleologistas (exploradores de cavernas), protege contra animais peçonhentos, envenenamentos, demônios e malefícios.

✝ *Oração a São Bento*

Senhor, vós que destes tanta glória a vosso servo São Bento, para compensá-lo da vida humilde e pobre que, mortificando-se, abraçou por vosso amor, fazei que, imitando o seu exemplo, favorecido por sua intercessão, desprezemos os bens da terra para obter os bens eternos do Céu. Por Cristo Nosso Senhor. Amém.

✞ Bênção de São Bento
(Fazer o sinal da cruz)

Esta é a Cruz do Senhor; que sua presença possa proteger-me na hora da morte. Afasta-te, Satanás! Não me sugiras tuas coisas vãs! A bebida que me ofereces é má; bebe tu mesmo teu veneno. Que a Santa Cruz seja a luz do meu caminho, e não deixe o dragão ser meu guia. Amém.

Catarina de Alexandria

Nascida em Alexandria (no Egito) no início do século IV, Catarina era rica, bonita e inteligente. Maximino, o governador romano da província, apaixonou-se por ela e quis deixar a esposa para tornar-se seu amante, mas Catarina o recusou. Maximino mandou que 50 filósofos tentassem convencê-la de que seu Deus não existia; mas foi Catarina quem os converteu ao cristianismo. Então, Maximino condenou-a à morte. Tentou esmagá-la com um carro, mas as rodas do veículo se dobraram sobre seu corpo. Então, Catarina foi decapitada, tendo jorrado leite em vez de sangue do corte em seu pescoço. Diz a tradição que, assim que ela morreu, surgiram vários anjos que levaram seu corpo para o monte Sinai. Reverenciada no dia 25 de novembro, Santa Catarina é padroeira das donzelas, dos estudantes, das mulheres que amamentam, dos filósofos, dos pregadores e dos fiandeiros.

♱ *Oração a Santa Catarina*

Minha Santa Catarina, pura e digna, vós fostes aquela Senhora que passou pela porta de Abraão, achou quatrocentos homens tão bravos como leões, e vós, com as vossas santas palavras, abrandastes os seus corações. Assim, minha Santa Catarina, abrandai o coração de meus inimigos; se tiverem pés, que não me alcancem; se tiverem olhos, que não me vejam; e que se vejam tão acorrentados de pés e mãos, como meu Senhor Jesus Cristo se viu na Cruz, para todo o sempre. Amém.

(Rezar um Pai-nosso e um Salve-rainha.)

Cecília

Não existem dados definitivos sobre esta santa, que é identificada como uma Cecília martirizada em 230. Segundo uma "paixão de Santa Cecília" escrita no século V, ela era casada com Valeriano (um mártir historicamente conhecido). Cristã piedosa, assistia sempre à missa e dava muitas esmolas. Ao se casar, propôs ao marido que ele se convertesse e os dois vivessem em estado de castidade. O marido aceitou e tornou-se um cristão ativo, sendo martirizado com o irmão Tibúrcio e a esposa Cecília. Segundo a tradição, Cecília foi decapitada, mas sua cabeça não se separou do corpo durante três dias, o tempo que se passou até que fosse atendido seu pedido de ver o papa Urbano. Não podendo falar, ela expressou por gestos sua fé no Deus uno e trino.

Foi uma frase referente à música em seu coração que a tornou padroeira da música sacra. E lembrada no dia 22 de novembro, sendo padroeira também dos poetas e cantores.

✞ Oração a Santa Cecília

Querida Santa Cecília, somente o que sabemos com certeza sobre vós é que fostes mártir heróica por fidelidade ao vosso casamento divino. Não sabemos se fostes musicista, mas sabemos que ouvistes os anjos cantarem. Inspirai nossos corações para que se encham com o dom da música de Deus, expressão de beleza e de amor. Amém.

Cipriano

Nascido em Cartago, em 210, Cipriano foi professor de filosofia e advogado. Converteu-se ao cristianismo em 246 e, em 249, tornou-se bispo da cidade. Lutou contra a repressão aos cristãos e contra a cisão da Igreja provocada pelo antipapa Novaciano. Logo depois da morte do papa Cornélio, de quem era aliado, foi exilado. Em 14 de setembro de 258, foi decapitado. Nessa ocasião, os cristãos de Cartago estenderam panos brancos sob sua cabeça e os guardaram como relíquias, por estarem molhados com o sangue de Cipriano. É padroeiro dos prisioneiros e dos guardas de presídios; também é considerado protetor contra feitiços e forças demoníacas. Seu dia votivo é 16 de setembro.

✟ Oração de São Cipriano

Cipriano, devoto servo de Nosso Senhor Jesus Cristo, vistes em vossa visão um céu novo e uma nova terra. Vistes também descer do céu, de junto de Deus, a Cidade Santa, uma Jerusalém nova. Ouvistes a voz de Deus, o Pai Onipotente, que do seu trono dizia: "Eis a tenda de Deus com os homens. Ele habitará com eles; eles serão o seu povo e ele será o seu Deus. Ele enxugará toda lágrima dos seus olhos, pois nunca mais haverá morte, nem luto, nem clamor, e nem dor haverá mais. Sim! As coisas antigas se foram! Eis que faço novas todas as coisas. Eu sou o alfa e o ômega, o princípio e o fim."

Em nome do privilégio que tivestes e da grande prova de amor de Deus que recebestes, eu vos peço, São Cipriano, que rezeis por mim e comigo a vossa oração: "Tu és o Deus forte, meu Deus Onipotente, que habitas na grande luz! Tu és santo e digno de louvor e desde o tempo antigo tu vistes a maldade do teu servo e as iniqüidades nas quais eu me metera pela maldade do demônio. Eu não sabia, então, o teu verdadeiro nome; eu passava por meio das ovelhas e elas não tinham pastor. As nuvens não podiam dar seu orvalho à terra, as árvores não davam os seus frutos e as mulheres em trabalhos de parto não podiam dar à luz; eu ligava e não desligava; eu amarrava os peixes do mar, eles não eram livres; eu amarrava as estradas do mar e retinha muitos males, conjuntamente. Porém, agora, Senhor Jesus Cristo, meu Deus, eu conheci teu santo nome e o amei e me converti de todo o meu coração, de toda minha alma, de todas as minhas entranhas, desviando-me da multidão de minhas faltas para marchar em teu amor, segundo teus mandamentos que são minha fé e minha prece. Tu és o verbo da verdade, a palavra única do Pai. Eu te conjuro a quebrar todas as cadeias e todos os entraves, pela virtude do teu santo nome."

✞ Oração Poderosa de São Cipriano

Eu, Cipriano, servo de Deus, a quem amo de todo o meu coração, corpo e alma, pesa-me não vos amar desde o dia em que me destes o ser. Porém vós, meu Deus e meu Senhor, sempre vos lembrastes deste vosso servo Cipriano. Agradeço-vos, meu Deus e meu Senhor, de todo o meu coração, os benefícios que de vós estou recebendo. Agora, ó Deus das criaturas, dai-me força e fé para que eu possa desligar tudo quanto tenho ligado, para o que invocarei sempre o vosso santíssimo nome. Em nome do Pai, do Filho e do Espírito Santo. Amém.

Vós que viveis e reinais por todos os séculos dos séculos. Amém.

É certo, meu Deus, que agora sou vosso servo Cipriano, dizendo-vos: Deus forte e poderoso, que morais no grande cume que é o céu, onde existe o Deus forte e santo, louvado sejais para sempre!

Vós que vistes as malícias deste vosso servo Cipriano, grandes malícias pelas quais eu fui metido debaixo do poder do diabo, mas eu não conhecia vosso santo nome; ligava as mulheres, ligava as nuvens do céu, ligava as águas do mar para que os pescadores não pudessem navegar, para pescarem o peixe para sustento dos homens! Pois eu, pelas minhas malícias, minhas grandes maldades, ligava as mulheres prenhes para que não pudessem parir, e todas estas coisas eu fazia em nome do demônio. Agora, meu Deus, vos torno a invocar para que sejam desfeitas e desligadas as bruxarias e feitiçarias da alma ou do corpo desta criatura (dar o nome). Pois vos chamo, ó Deus poderoso, para que rompais todos os ligamentos dos homens e das mulheres. Caia a chuva sobre a face da Terra para que dê seu fruto. As mulheres tenham seus filhos, livres de qualquer ligamento que lhes tenha feito. Desligue o mar para que os pescadores possam pescar, livres de qualquer perigo. Desligue tudo quanto está ligado nesta criatura do Senhor; que seja desatada, desligada de qualquer forma que o esteja; eu a desligo, desalfineto, rasgo, calço e desfaço tudo, boneco ou boneca que esteja em algum poço ou canal, para secar esta criatura (dizer o nome), pois todo maldito diabo seja afastado e tudo seja livre do maligno e de todos os males ou malfeitos, feitiços, encantamentos, superstições ou artes diabólicas. O Senhor tudo destruiu e aniquilou: o Deus dos altos céus seja glorificado no Céu e na Terra, assim como por Emanuel, que é o nome do Deus poderoso. Assim como a pedra seca se abriu e lançou água de que beberam os filhos de Israel, assim o Senhor muito poderoso, com a mão cheia de graça, livre este vosso servo (dar o nome) de todos os malefícios, feitiços, ligamentos, encantos e tudo que seja feito pelo diabo ou seus servos; e assim que tiver esta oração sobre si e a trouxer consigo ou tiver em casa, esteja com ela diante do paraíso terreno do qual saíram quatro rios, pelos quais mandastes deitar água a todo o mundo pelo qual vos suplico. Senhor meu Jesus Cristo, filho de Maria Santíssima, a quem entristece o que é feito pelo espírito maligno, nenhum encantamento nem malfeito façam nem movam coisa alguma contra este vosso servo (dizer o nome), mas todas as coisas aqui mencionadas sejam anuladas, para o que eu invoco as setenta e duas línguas que estão repartidas por todo o mundo. E qualquer dos seus adversários tenha aniquiladas as suas pesquisas pelos anjos, seja protegido este vosso servo (dizer o nome) com toda a sua casa e as coisas que nela estão, sejam todos livres de todos os malefícios e feitiços pelo nome de Deus Pai que nasceu em Jerusalém, por todos os mais anjos e santos e por todos os que servem diante do paraíso ou da presença do alto Deus Todo-Poderoso, para que o maldito diabo não tenha poder de estorvar pessoa alguma.

Qualquer pessoa que trouxer consigo esta oração, ou lhe for lida, ou onde estiver algum sinal do diabo, de dia ou de noite, por Deus, Tiago e Jacó, o inimigo maldito seja expulso para fora. Invoco a comunhão dos Santos Apóstolos, de Nosso Senhor Jesus Cristo e de São Paulo. Pelas orações das religiosas, pela formosura de Eva, pelo sacrifício de Abel, por Deus unido a Jesus, seu Eterno Pai, pela castidade dos fiéis, pela bondade deles, pela fé de Abraão, pela obediência de Nossa Senhora, pela oração de Madalena, pela paciência de Moisés, sirva a oração de São Cipriano para desfazer os encantamentos. Santos e Anjos, valei-me, pelo sacrifício de Jonas, pelas lágrimas de Jeremias, pela oração de Zacarias, pela profecia de Elias e por aqueles que não dormem de noite e estão sonhando com Nosso Senhor Jesus Cristo, pelo profeta Daniel, pelas palavras dos Santos Evangelhos, pela coroa que Deus deu a Moisés em língua de fogo, pelos serões que fizeram os Apóstolos, pelo nascimento de Nosso Senhor Jesus Cristo, pelo seu santo batismo, pela voz que foi ouvida do Pai Eterno, dizendo: "Este é meu filho escolhido e meu amado; deve-me muito apreço porque toda a gente teme e porque fez abrandar o mar e fez dar frutos à terra." Pelos milagres dos anjos que juntos a ele estão, pelas virtudes dos Apóstolos, pela vinda do Espírito Santo que baixou sobre eles, pelas virtudes e nomes que nesta oração estão, pelo louvor de Deus que fez todas as coisas, pelo Pai e pelo Filho, pelo Espírito Santo, (dizer o nome), se lhe está feita alguma feitiçaria nos cabelos da cabeça, roupa do corpo, ou da cama, ou no calçado, ou em algodão, seda, linho ou lã, ou em cabelos de cristão, ou de mouro ou de herege, ou em osso de criatura humana, de aves ou de outro animal; ou em madeira, ou em livros, ou em sepulturas de cristão, ou em sepulturas de mouros, ou em fonte ou ponte, ou altar, ou rio, ou em casa, ou em paredes de cal, ou em campo, ou em lugares solitários, ou dentro das igrejas, ou repartimentos de rios, em casa feita de barro ou mármore ou em figuras feitas de fazenda, ou em sapo, ou em bicho do mar ou do rio ou do lameiro, ou em comidas ou bebidas, ou em terra do pé esquerdo ou direito, ou em outra qualquer coisa em que se possa fazer feitiço.

Todas estas coisas sejam desfeitas e desligadas deste servo (dizer o nome) do Senhor, tanto as que eu, Cipriano, tenho feito, como as que têm feito essas bruxas, servas do demônio; isto tudo volte ao seu próprio ser que antes tinha ou em sua própria figura, ou na que Deus criou.

Clara de Assis

Nascida em 1194, de uma família rica de Assis, aos 19 anos Clara juntou-se ao grupo de frades menores, tornando-se o núcleo da segunda ordem de São Francisco, as Clarissas. Esta ordem foi alojada no velho convento de São Damião, nos arredores de Assis, onde Francisco reunira seu primeiro grupo de missionários mendicantes; Clara foi sua primeira abadessa. Sua grande contribuição para a ordem foi a elaboração de uma norma que seguia o espírito franciscano e que ela conseguiu que o papa aprovasse em substituição à regra beneditina anteriormente imposta aos frades. Essa regra incluiu o privilégio da perfeita pobreza e a dedicação à oração penitencial. Clara tornou-se famosa ainda em vida por seus milagres, entre os quais destacam-se as duas vezes em que salvou a cidade de Assis. Na primeira, ela conseguiu fazer recuarem os mouros aliados do imperador Frederico II, que atacavam os muros da cidade, convencendo o capelão do convento a elevar a Hóstia diante da janela do convento; na segunda vez, ela e suas freiras rezaram pedindo um milagre que libertasse a cidade do exército de Vitale d'Aversa, o qual foi dispersado por uma tempestade. Conta a tradição que, quando estava presa ao leito com sua enfermidade final (em 1253), Clara viu projetada na parede de sua cela a missa de Natal que era naquele instante celebrada na basílica de São Francisco, distante do convento; por este motivo, foi designada, em 1958, padroeira da televisão. Festejada no dia 11 de agosto, Santa Clara também é invocada contra o mau tempo e as doenças dos olhos.

✞ *Oração a Santa Clara*

Valorosa Santa Clara, vós vencestes o medo e a fraqueza, e por duas vezes afugentastes os inimigos que ameaçavam vossa cidade, invocando o Sagrado Coração de Jesus e elevando a Santa Hóstia. Recebestes o dom da visão e o poder de acalmar as tempestades. Pedistes como um privilégio viver a vida de humildade e pobreza pregada por Cristo. Em memória de vossas orações e de vosso amor pelos sofredores, acolhei hoje minha oração e levai-a ao trono de Deus todo-poderoso. Intercedei por mim, obtende misericórdia, ajudai-me a obter o que vos peço (fazer o pedido). Oferecei ao Coração de Jesus os sofrimentos e as provações de todos os seus filhos que vivem na Terra e que se sustentam da esperança de um dia encontrá-lo face a face no reino de Deus. Amém.

Cosme e Damião

Segundo a tradição, os irmãos gêmeos Cosme e Damião eram médicos na Síria, no início do século IV. Faziam-se notar por atender de graça aos necessitados e por realizar milagres, como o do implante de uma perna de um morto em um soldado que tivera a sua amputada. Os santos são festejados pela Igreja no dia 26 de setembro e protegem os médicos, barbeiros (os antigos cirurgiões), farmacêuticos e cirurgiões, além de proteger contra doenças graves, epidemias e riscos em cirurgias. No Brasil, são considerados protetores das crianças e lembrados no dia 27 de setembro, dia em que é feita a tradicional distribuição de doces pelos fiéis dos dois santos.

✞ Oração a São Cosme e São Damião

São Cosme e São Damião, abnegados pregadores da fé cristã, doutos sabedores da doutrina da Igreja de Cristo, durante a vossa vida fostes incansáveis na propagação da fé, no ensino das verdades cristãs, na luta contra o mal, sempre combatendo o demônio em suas investidas contra as almas fracas e desamparadas. Praticastes sempre a caridade, ensinando os ignorantes, socorrendo os pobres, curando as moléstias, saciando a sede aos sedentos e satisfazendo a fome aos famintos.

São Cosme e São Damião, muito peregrinastes pelo mundo, percorrendo as terras da Europa e da Ásia, atravessando desertos, rios e florestas, subindo e descendo montanhas, na vossa missão em favor da doutrina de Nosso Senhor Jesus Cristo. Assim merecestes a glória do céu e as honras dos altares, e agora sois, junto ao Altíssimo, advogados dos pecadores, protetores dos humildes, dos pobres, dos sofredores. Estais vigilantes contra as insídias de Satanás.

São Cosme e São Damião, confiando em vossos altos méritos, suplico-vos, sede os meus protetores, defendei-me contra as artimanhas dos espíritos malignos. Preservai a paz em minha família, evitai-me os embustes dos meus inimigos, deste e do outro mundo. Amparai-me, meus Santos Cosme e Damião, nos momentos de tristeza e de atribulação, afastando de mim todos os motivos de tentação.

Com o auxílio de Nossa Senhora, Maria Santíssima, tenho fé em que não me desamparareis, meus Santos

Cosme e Damião, vós que jamais descansastes na defesa do bem e na prática da caridade pelo vosso amor e pelo de Nosso Senhor Jesus Cristo. Amém.

(Rezar dois Pais-nossos, duas Ave-marias e dois Salve-rainhas.)

Crispim e Crispiniano

Esses dois irmãos pertenciam a uma família nobre romana e viveram na segunda metade do século III. Tornando-se missionários cristãos, foram para a Gália, fixando-se em Soissons (nordeste da França). Pregavam o Evangelho durante o dia e, para poder sobreviver, trabalhavam como sapateiros à noite. Durante uma visita do imperador Maximiano à Gália, em 286, foram presos, torturados e decapitados. São lembrados no dia 25 de outubro, sendo patronos dos sapateiros, curtidores, coureiros, luveiros, seleiros, enfim, de todos os que trabalham com couro. Como foram irmãos muito unidos, pregadores iluminados e fortes no martírio, são invocados para promover união, firmeza e sabedoria.

✝ *Oração de São Crispim e São Crispiniano*

Crispim e Crispiniano, de Maria Santíssima ambos queridos, três pedidos fizeram: luz, paz e força. Luz para poder ver e admirar o amor, a grandeza e arte de nosso Eterno Pai; paz, para poder gozar de tudo que um Pai extremoso proporcionou a seus filhos; força, para que possam resistir às tentações e compreender que, acima de tudo que se vê, está seu Deus e seu Pai, a quem se deve amar sobre todas as coisas.

Assim como Deus, por amor de Nossa Mãe Maria Santíssima, vos concedeu esta graça tão grande, eu vos peço que alcanceis de nosso eterno e bondoso pai, por amor de nossa Mãe Maria Santíssima, três pedidos que são: união e confiança, para que haja entre (dizer o nome da pessoa) e eu a mesma união e confiança que existiu entre vós; força como a que vos foi concedida a mais, para que eu tenha a força que vós tivestes; e saber, para que eu saiba tudo que eu quero e por qualquer modo, ainda que o mais guardado segredo. Peço ainda que, com as vossas sovelas, cosam e recosam para que não mais descosa, em nome do Pai, do Filho e do Espírito Santo. Amém.

Cristóvão

São Cristóvão viveu no século III. Nasceu na Lícia, recebendo o nome de Offero. Quando se tornou adulto, saiu pelo mundo em busca de aventuras. Depois de muito viajar, encontrou um eremita que vivia na beira de um rio cuja correnteza era muito forte; esse eremita ajudava os que desejavam atravessá-lo, indicando os lugares mais seguros. Offero ficou vivendo com o eremita, que o instruiu na fé cristã, enquanto Offero o substituiu na função de ajudar os viajantes. Como ele era muito alto e forte, entretanto, não se limitava a mostrar os locais onde poderiam passar por conta própria, mas levava-os nos ombros para a outra margem do rio, que conseguia atravessar caminhando pelo fundo do leito, apoiando-se a um enorme cajado que fizera com o tronco de uma árvore. Certo dia, apareceu um menino muito pequeno, que pediu que fosse levado até a outra margem. Offero o pôs no ombro, pegou o cajado e começou a travessia. Entretanto, conforme ia avançando, o menino ia ficando mais pesado, até que, ao chegar no meio da torrente, o peso ficara insuportável. Mas Offero juntou suas últimas forças e conseguiu levá-lo a salvo até o outro lado. Quando o pôs no solo, o menino disse que era Jesus Cristo e que pesava tanto porque levava sobre os ombros o peso do mundo inteiro. Ali mesmo, usando a água do rio, Cristo batizou Offero, dando-lhe o nome de Cristóvão, que quer dizer "transportador de Cristo". Cristóvão foi martirizado em 251. Reverenciado no dia 25 de julho, é patrono dos viajantes e dos motoristas.

✞ Oração a São Cristóvão

Querido santo que recebestes o belo nome de transportador de Cristo, por teres levado Nosso Senhor em vossos ombros, ensinai-nos a levar Cristo àqueles que não o conhecem. Protegei todos os viajantes e também aqueles que levam Cristo dentro de si. Protegei-me em todas as minhas viagens e cuidai para que os que me transportam me levem em segurança ao meu destino. Amém.

Dimas

Quando Jesus foi preso, o governo da província da Judeia estava nas mãos de Herodes III, neto do que presenciara seu nascimento. Tanto Herodes como os príncipes dos sacerdotes eram aliados dos dominadores romanos e desejavam abafar todas as insurreições contra o Império. Por este motivo, decidiram humilhar Jesus até o último extremo, para mostrar ao povo insatisfeito o que ocorria com aquele que se denominava rei dos judeus. Depois de passar por torturas degradantes, Jesus foi condenado à morte na cruz, suplício que os romanos aplicavam àqueles que se revoltavam contra a ordem estabelecida e, especialmente, aos que rejeitavam a religião imperial. Para agravar sua humilhação, foi decidido que Jesus seria crucificado junto com dois ladrões, para ser visto como um criminoso comum. No monte Calvário, a cruz de Cristo foi armada entre as dos dois malfeitores. Conta São Lucas que, enquanto um deles blasfemava e exortava Jesus a tirá-los dali, o outro o repreendeu, reconhecendo a justiça da punição recebida e pedindo a Cristo que se lembrasse dele quando estivesse em seu reino. Então Jesus respondeu: "Em verdade te digo: hoje estarás comigo no paraíso." Poucos instantes depois, Jesus expirou. Esse bom ladrão é São Dimas, que teve o privilégio de ser canonizado pelo próprio Cristo. Ele é padroeiro dos criminosos arrependidos, dos prisioneiros e dos estabelecimentos de reabilitação social; também é invocado como protetor contra roubos e ladrões. Seu dia votivo é 25 de março.

✞ *Oração a São Dimas*

Glorioso São Dimas, fostes pregado na cruz ao lado de Nosso Senhor e, esquecendo vossos próprios sofrimentos, vos arrependestes de vossos erros e procurastes refúgio junto a Jesus. Sois a prova eterna de que Jesus não veio à Terra para glorificar os justos, mas para salvar os pecadores. Em memória do vosso passado, vós vos dedicastes a proteger e auxiliar os que erraram e se arrependeram, os que estão pagando por seus delitos, os perseguidos e torturados, e as vítimas de malfeitores e violências. Protegei-nos hoje, apesar de todos os nossos erros, e dai-nos forças para vencê-los. Em nome de Jesus, que foi vosso companheiro de martírio, eu peço que atendais ao pedido que hoje vos faço (fazer o pedido). São Dimas, rogai por nós.

(Rezar um Pai-nosso, uma Ave-maria e um Glória ao Pai.)

Domingos

Domingos de Gusmão nasceu em 1221, de uma família nobre de Castela. Preocupado com os pobres e a espiritualidade, tornou-se sacerdote em sua região natal. Observando o efeito desfavorável que exercia sobre o povo a contemplação da riqueza dos missionários beneditinos, quando comparados com os grupos mendicantes heréticos, decidiu criar uma ordem de frades pobres, estudiosos e pregadores, o que foi aprovado pelo papa. Durante o resto da vida, deu exemplo de pobreza e dedicação à religião. Morreu com 51 anos. Venerado no dia 8 de agosto, é patrono dos astrônomos.

✞ *Oração a São Domingos*

Maravilhoso São Domingos, eloquente pregador e bravo defensor da fé, vós parecestes uma grande estrela que brilhou perto da Terra e apontou para a grande luz que é Cristo. Sede para nós a estrela guia e tornai o céu da nossa fé puro e limpo como uma noite estrelada, na qual só brilhe a luz de Deus. Amém.

Edwiges

Filha do duque da Croácia, Edwiges nasceu em 1174 na Baviera. Casou-se aos 12 anos com o príncipe Henrique da Silésia e teve sete filhos. Durante toda a vida dedicou-se a cuidar dos doentes, e aproveitou a riqueza de que dispunha para fundar hospitais. Ao enviuvar, doou todos os seus bens e foi viver em um mosteiro, de onde continuou a ajudar os pobres e os doentes. Edwiges morreu em 1243. Atualmente é considerada a protetora dos pobres e, principalmente, dos endividados. Seu dia votivo é 16 de outubro.

✞ Oração a Santa Edwiges

Vós, Santa Edwiges, que fostes na Terra amparo dos pobres e desvalidos, e socorro dos endividados, e que no Céu gozais o eterno prêmio da caridade que praticastes, confiante vos peço: sede a minha advogada para que eu obtenha a graça de ... (diz-se a graça que se pretende) e por fim a graça suprema da salvação eterna.

(Em favor dos que trabalham para pagar dívidas e vencer dificuldades da vida, missa e prece todo dia 16 de cada mês.)

Estêvão

Quando o trabalho da comunidade cristã de Jerusalém cresceu muito, os doze apóstolos se reuniram para designar diáconos que os substituíssem em algumas tarefas, liberando-os para a atividade evangélica e missionária. Um dos escolhidos foi Estêvão. Inspirado pelo Espírito Santo, ele fez muitos milagres. Alguns inimigos insuflaram o povo contra ele; Estêvão foi preso e apedrejado até morrer, tornando-se o primeiro mártir do cristianismo. Seu dia votivo é 26 de dezembro e é patrono dos pedreiros e dos diáconos.

✞ Oração a Santo Estêvão

Senhor todo-poderoso, preservai as obras de vossa graça, fazendo com que eu possa perseverar em minha fé contra todas as adversidades. Eu vos agradeço pelo exemplo do primeiro mártir Estêvão, que mirou o céu e orou por seus perseguidores a nosso senhor Jesus Cristo, que senta à vossa direita no céu onde vive e reina convosco e com o Espírito Santo, Deus uno, por toda a eternidade. Amém.

Expedito

Não existem documentos sobre a vida deste santo. Segundo a tradição, ele foi um legionário romano que se converteu ao cristianismo. Teria vivido no século II ou III, na Armênia, tendo sido executado em Melitina, juntamente com outros cinco mártires cristãos. Desde o século XVIII é encontrado seu culto na Itália e na Alemanha, onde era invocado para acelerar negócios. É representado segurando uma cruz em que está escrito 'hodie' (hoje) e pisando um corvo que grita 'eras' (amanhã). Lembrado no dia 19 de abril, é padroeiro dos comerciantes e dos marinheiros. Ajuda a resolver problemas urgentes. Em algumas regiões do Brasil, é um dos patronos da polícia militar.

✞ Oração a Santo Expedito

Meu Santo Expedito das causas justas e urgentes, socorrei-me nesta hora de aflição e desespero. Intercedei por mim junto ao nosso Senhor Jesus Cristo. Vós que sois o santo guerreiro, vós que sois o santo dos aflitos, vós que sois o santo dos desesperados, vós que sois o santo das causas urgentes, protegei-me, ajudai-me. Dai-me força, coragem e serenidade. Atendei ao meu pedido: ... (fazer o pedido). Ajudai-me a superar estas horas difíceis. Protegei-me de todos os que possam me prejudicar. Protegei a minha família. Atendei ao meu pedido com urgência. Devolvei-me a paz e a tranquilidade. Serei grato pelo resto de minha vida e levarei vosso nome a todos os que têm fé. Obrigado.

(Rezar um Pai-nosso, uma Ave-maria, e fazer um sinal da cruz.)

✞ Ladainha de Santo Expedito

Senhor, tende piedade de mim.

Jesus Cristo, tende piedade de mim.

Senhor, tende piedade de mim.

Jesus Cristo, ouvi-me.

Jesus Cristo, escutai-me.

Pai Celeste, que sois Deus, tende piedade de mim.

Deus Espírito Santo, tende piedade de mim.

Santa Maria, Rainha dos Mártires, rogai por mim.

Santo Expedito, invencível atleta da fé, rogai por mim.
Santo Expedito, fiel até a morte, rogai por mim.
Santo Expedito, que tudo perdestes para ganhar a Jesus, rogai por mim.
Santo Expedito, que fostes vergastado, rogai por mim.
Santo Expedito, que perecestes gloriosamente pela espada, rogai por mim.
Santo Expedito, que tivestes a coroa de justiça que Deus prometeu aos que o amam, rogai por mim.
Santo Expedito, patrono da juventude, rogai por mim.
Santo Expedito, socorro dos escolares, rogai por mim.
Santo Expedito, modelo dos soldados, rogai por mim.
Santo Expedito, patrono dos viajantes, rogai por mim.
Santo Expedito, salvação dos doentes, rogai por mim.
Santo Expedito, consolador dos aflitos, rogai por mim.
Santo Expedito, apoio fidelíssimo dos que esperam em vós, rogai por mim.
Santo Expedito, eu vos suplico, não deixeis para amanhã o que podeis fazer hoje.
Santo Expedito, vinde em meu auxílio.
Cordeiro de Deus, que apagais os pecados do mundo, perdoai-me, Senhor.
Cordeiro de Deus, que apagais os pecados do mundo, ouvi-me, Senhor.
Cordeiro de Deus, que apagais os pecados do mundo, tende piedade de mim, Senhor.
Jesus, ouvi-me.
Jesus, ouvi minha oração.
Que a minha voz suba até vós.
(Para quem tem urgência na solução de algum problema, rezar durante nove dias.)

Filipe

Filipe era natural da Betsaida (ao norte do lago de Genesaré). No dia seguinte ao recrutamento de Pedro, André, João e Tiago, Jesus encontrou Filipe, que prontamente concordou em segui-lo. Logo a seguir, Filipe foi procurar seu amigo Natanael (depois chamado Bartolomeu), levando-o para encontrar o Messias. Figura obscura nos Evangelhos, é possível que Filipe se contentasse com o humilde papel de realizador de tarefas para o grupo. No episódio da multiplicação dos pães e dos peixes nas margens do lago de Tiberíades, foi Filipe quem se preocupou em organizar a multidão que seguia Jesus e em buscar recursos para alimentá-los a todos, dando ao mestre o ensejo de realizar o milagre. Durante a última ceia, depois de todas as experiências por que passara, ainda pediu a Jesus que lhe mostrasse o Pai; e Jesus mostrou-se espantado de que, após tão longa convivência, Filipe ainda não o tivesse reconhecido. Depois da morte de Jesus, foi designado um dos sete diáconos de Jerusalém. Mais tarde, dedicou-se a viagens missionárias, pois era um grande pregador. Nessas viagens, converteu Simão, o mago, e um oficial da corte da Etiópia. Fixou-se depois em Cesareia. Aí criou quatro filhas, todas profetisas. Segundo a tradição, Filipe tornou-se bispo de Tralles (na atual Turquia) e foi crucificado em Gerápolis, em idade avançada. É festejado no dia 3 de maio.

✞ Oração a São Filipe

Glorioso São Filipe, na última ceia dissestes a Jesus: "Senhor, mostrai-nos o Pai, e isso será suficiente para nós." Ajudai-nos a tornar nossa esta vossa prece e a ver Deus em todas as coisas. Obtende para nós a graça de conhecer Deus Pai, Filho e Espírito Santo, agora e quando atingirmos a vida eterna. Amém.

Francisco de Assis

Francisco nasceu na Itália, no final do século XII, filho de um comerciante rico da cidade de Assis. Aos 20 anos, alistou-se no exército mas, tendo tido um sonho profético, voltou a Assis e dedicou-se aos pobres e doentes. Aos 25 anos, renunciou aos bens da família e passou a viver como eremita na velha igreja de São Damião. Logo atraiu um grupo de jovens que, vivendo como monges mendicantes, constituiu o núcleo da Ordem dos Frades Menores, aprovada pelo papa Inocêncio III. Além de dirigir a Ordem e de fazer muitas viagens de evangelização, Francisco tornou-se famoso por muitos milagres, como a recepção dos estigmas de Cristo e a pregação aos animais. É reverenciado no dia 4 de outubro e é patrono dos animais, dos ecologistas e dos comerciantes, além de proteger a natureza e os pobres.

✞ Oração a São Francisco de Assis

São Francisco, esposo da pobreza, roga, grande pai, por nós. Dá-nos a riqueza da virtude, dá-nos tua voz por guia. Volve a nós, pobres fiéis, teus olhos benignos. Faz de nós discípulos dignos de Cristo.

São Francisco, modelo de humildade, roga, grande pai, por nós. Salva-nos dos perigos. Sê luz segura nas trevas da noite, socorre teus filhos entre os inimigos.

São Francisco, dá-nos tuas graças, roga, grande pai, por nós. Conjurando as ameaças do mal, faz-nos desprezar o mundo tresloucado, e amar somente a Deus crucificado. Roga, grande pai, por nós.

✞ Oração a São Francisco de Assis

Glorioso São Francisco, a quem o Senhor, por um prodígio de graça, dignou-se tornar desde o berço até à morte uma viva imagem sua! Vós que lhe consagrastes todo o vosso coração e todo o vosso ser, e que protestáveis desejar fazer por ele, mediante seu divino auxílio, obras cada vez maiores, dignai-vos, ó grande patriarca, lá dos céus onde estais, lançar sobre nós vossa bênção. Por aquele divino amor, que tanto vos abrasava, pelo qual pedíeis a Deus a graça de morrer pelo amor dele, como ele tinha morrido pelo amor de vós, e pelo qual vos imprimiu suas cinco chagas, lembrai-vos de nós. Rogai, ó grande Santo, pela Santa Igreja, da qual o Senhor vos quis fazer forte e inabalável coluna. Rogai à Virgem Santíssima da Conceição, à doce e excelsa Maria, poderosa protetora das vossas três Ordens, para que proteja o Sumo Pontífice, chefe visível da Igreja, e alcance que essa Igreja triunfe de seus inimigos e, reunindo em seu seio seus filhos, chame também a si todos aqueles que dela se achem extraviados e igualmente os que ainda jazem nas trevas do paganismo, para que todos juntos cantemos eternamente no céu as misericórdias do Senhor. Amém.

Gregório Magno

Gregório nasceu em 540, de uma aristocrática família romana. Seguindo carreira eclesiástica, foi inicialmente prefeito de Roma. Transformou suas propriedades pessoais em mosteiros, nos quais, entretanto, pouco permaneceu, pois foi enviado como núncio a Constantinopla. Em 590 foi escolhido papa. Embora fraco e doentio, foi um administrador hábil e dinâmico, além de ter uma erudição que lhe permitiu escrever obras importantes. Destacou-se também por ter incentivado a forma de música litúrgica conhecida posteriormente como canto gregoriano. Morreu em 604. Lembrado no dia 3 de setembro, é padroeiro dos professores, músicos e cantores, além de ser patrono dos papas.

✞ Oração a São Gregório

Senhor, vós que olhais para vosso povo com compaixão e o governais com amor, pela intercessão de São Gregório, dai-nos sabedoria para que possamos crescer em fé e amor por vós. Amém.

Helena

Helena era de uma família romana plebeia da Bitínia (na Asia Menor), onde nasceu em 247. Casou-se com Constâncio que, ao tornar-se tribuno, teve que repudiá-la, por ser plebeia. Entretanto, seu filho Constantino, logo após tornar-se imperador, em 306, enobreceu-a e a trouxe para sua companhia. Helena já se havia convertido ao cristianismo, tendo tido uma influência decisiva para a conversão do imperador que transformou o cristianismo na religião oficial do Império. Durante muitos anos, Helena dedicou-se à procura dos lugares santos e de relíquias do cristianismo, além de patrocinar a construção de muitas igrejas. Em 326, já com 80 anos, liderou um grupo que foi à Terra Santa para acompanhar as pesquisas realizadas pelo bispo Macário. Lá encontrou a relíquia da cruz de Cristo, sobre o monte Calvário, entre as cruzes dos ladrões. A seguir, localizou a gruta da Natividade, em Belém, e o lugar da aparição de Cristo no monte das Oliveiras. Helena morreu em 327. É reverenciada no dia 18 de agosto, sendo padroeira dos arqueólogos e dos convertidos. Auxilia os divorciados e os que enfrentam dificuldades no casamento, além de responder a perguntas por meio de sonhos.

✞ Oração a Santa Helena

Gloriosa Santa Helena, dormistes, acordastes, sonhastes, que a árvore da Vera Cruz nos vossos braços achastes. Três cravos que ela tinha, todos três vós tirastes. Um destes a vosso irmão Tobias, vencedor de guerras, batalhas e porfias; outro atastes na ponta do vosso manto e o outro no mar botastes, que de bravo que estava o amansastes. Dissestes que quem se visse em empresas e aflições, por vós chamasse; minha gloriosa Santa Helena, humildemente vos apelo e rogo: livrai-nos e defendei-nos de todos os maus pensamentos, de todas as aflições e de todas as tentações de nossos inimigos para sempre. Amém.

(Rezar um Pai-nosso, uma Ave-maria e um Glória ao Pai.)

Inês

A menina Inês (Agnes) viveu em Roma no início do século IV. Existem muitas lendas sobre ela, mas a mais verossímil e mais frequente diz que, aos doze anos, quando as meninas das famílias patrícias deveriam entrar para o serviço no templo da deusa Vesta, Inês recusou-se a fazê-lo, por já ser cristã. Presa, tentaram intimidá-la, inclusive levando-a a um prostíbulo para que seu voto de castidade fosse quebrado; mas um homem que tentou tocá-la caiu morto. Então Inês foi decapitada. A filha do imperador Constantino mandou erigir uma basílica em sua honra; aí, todo dia 21 de janeiro, para lembrar sua pureza, dois cordeiros eram bentos e tosquiados, sendo sua lã usada para fazer o pálio dos arcebispos. Reverenciada no dia 21 de janeiro, é padroeira das garotas, das moças e dos pares de noivos, além de proteger a castidade.

✞ Oração a Santa Inês

Deus todo-poderoso, permiti que, em memória da inocente, pura e forte Santa Inês, possamos proclamar vossa glória, confundindo e derrotando nossos inimigos e os poderosos que querem nos destruir. E fazei com que, como ela, permaneçamos sempre firmes em nossa fé. Amém.

Inocentes

Quando Herodes soube pelos reis Magos que havia-se realizado a antiga profecia do nascimento do

Messias que seria o rei dos judeus, ficou amedrontado e quis destruir a ameaça ao seu poder. Como não sabia quem era esse Messias, sabendo apenas que era um menino e que nascera recentemente, mandou que seus soldados matassem todos os meninos com menos de dois anos que viviam na cidade de Belém e nos arredores. Só não conseguiu matar Jesus porque José, tendo sido avisado em sonhos por um anjo, fugiu com a família para o Egito, de onde só voltou depois que o anjo lhe disse que Herodes havia morrido. Desde o século IV, já estava incorporada no calendário litúrgico uma solenidade em homenagem a esses mártires, os Santos Inocentes, lembrados na igreja pela presença do coro de meninos que participa das missas e que, nas festividades natalinas, circunda o berço de Jesus. Festejados no dia 28 de dezembro, os Santos Inocentes são padroeiros das crianças abandonadas e de todas as vítimas de tiranias.

✠ Oração aos Santos Inocentes

Deus todo-poderoso, centenas de santos inocentes foram massacrados em Belém, por ordem do rei Herodes, quando Jesus nasceu. Em sua memória, recebei nos braços de vossa graça todas as vítimas inocentes de todos os abusos; frustrai com vosso poder os maus desígnios dos tiranos e estabelecei vosso reino de justiça, amor e paz. Por Jesus Cristo, nosso Senhor, que vive e reina convosco e o Espírito Santo, Deus uno, agora e para sempre. Amém.

Isidoro de Sevilha

Santo Isidoro nasceu em Cartagena, na Espanha, em 560, de uma família nobre; e morreu em Sevilha, em 636. Assim como seus irmãos, seguiu a carreira eclesiástica. Quando o irmão mais velho morreu, Isidoro o sucedeu como bispo de Sevilha. Nessa função, destacou-se por decretos que estabeleceram a união entre a Igreja e o Estado, o bom relacionamento com os judeus e a uniformização do rito da missa na Espanha. Grande erudito, Isidoro escreveu importantes obras sobre linguística, ciências naturais, história, teologia e filosofia. Criou uma escola eclesiástica, impondo aos sacerdotes o estudo de línguas, ciências e filosofia clássica e moderna. Foi o primeiro escritor cristão a iniciar a compilação de uma enciclopédia que reuniria todo o conhecimento produzido até então; deste material só nos chegaram fragmentos. Considerado o homem mais culto da sua época, era conhecido como o doutor Extraordinário. Por seus esforços para criar o primeiro banco de dados da cultura cristã, foi proposto pela Igreja como patrono dos internautas, sendo invocado em oração pelos que vão se conectar à rede mundial de informações. É reverenciado no dia 4 de abril.

✞ *Oração a Santo Isidoro*

Deus todo-poderoso e eterno, que nos criastes segundo a vossa imagem e nos destes o desejo de buscar o bem, a verdade e a beleza, permiti que, pela intercessão de Santo Isidoro, possamos, durante nossas jornadas através da Internet, dirigir nossos olhos somente para o que vos seja agradável. Fazei com que achemos aquilo que procuramos, que enfrentemos com paciência os obstáculos da viagem e que tratemos com caridade todas as almas que nela encontrarmos. Por Cristo, nosso Senhor, amém.

Santo Isidoro, rogai por nós.

Jerônimo

Jerônimo nasceu na Dalmácia (Iugoslávia), em meados do século IV. Grande estudioso, filósofo e poliglota, traduziu a Bíblia para o latim e escreveu vários livros. Polemizou com grandes figuras da Igreja. Como religioso, viveu grande parte da vida em um mosteiro em Belém, como eremita. Por sua combatividade verbal era chamado "leão do deserto"; por isso é representado junto com um leão. Reverenciado no dia 30 de setembro, é patrono dos bibliotecários e dos arqueólogos. Também é invocado para proteger contra tempestades.

✞ Oração a São Jerônimo

Ó Senhor Deus, que vos dignastes de prover a vossa igreja com o santo Jerônimo, vosso confessor e doutor máximo na exposição das Sagradas Escrituras, nós vos rogamos que, com o vosso patrocínio, ele sempre nos proteja e auxilie. São Jerônimo, penitente máximo, santo sábio e forte, assiste-nos agora e na hora da morte. Amém.

(Rezar um Pai-nosso, uma Ave-maria e um Glória ao Pai.)

João Batista

Filho de Zacarias e Isabel, prima da Virgem Maria, João teve uma origem milagrosa, pois seus pais eram muito idosos para terem filhos quando sua mãe engravidou. Alguns meses mais velho que Jesus, diz a escritura que estremeceu de alegria no ventre da mãe quando esta recebeu a visita de Maria, já grávida, e João sentiu a presença de Cristo. Vivendo como eremita, vestido apenas com peles de carneiro, João Batista foi o último profeta, o que preparou a chegada de Jesus e o batizou, revelando a todos sua santidade. Preso por criticar publicamente o comportamento de Herodes, que era amante da cunhada, foi decapitado por instigação de Salomé, filha desta. Modelo do monge e do missionário, João Batista é patrono do batismo e das crianças que ingressam na comunidade cristã pelo sacramento. Como sua festa votiva (no dia 24 de junho) coincide com a época do início do verão no Hemisfério Norte, é patrono das lavouras e dos rebanhos, especialmente dos carneiros. Nas regiões urbanas, é padroeiro da casa.

✝ Oração a São João Batista

Glorioso São João Batista, fostes santificado no seio materno, quando vossa mãe ouviu a saudação de Maria Santíssima. Fostes canonizado em vida por Jesus Cristo, que declarou solenemente não haver entre os nascidos de mulher outro maior que vós. Pela intercessão da Virgem Maria; pela glória de seu divino Filho, de quem fostes o precursor, anunciando-o como o Messias e apontando-o como o Cordeiro de Deus que tira os pecados do mundo, alcançai-nos a graça de darmos também nosso testemunho de fé, selando-o, se for preciso, com o próprio sangue, como vós o fizestes, quando fostes degolado por ordem de um rei injusto e cruel.

Abençoai esta casa e todos os que vivem nela. Fazei com que aqui floresçam as virtudes que praticastes em vida, para que, animados pelo vosso espírito, possamos um dia gozar convosco da bem-aventurança eterna. Amém.

João Evangelista

Filho de Salomé e Zebedeu, irmão de Tiago maior, João era pescador, vivia às margens do lago Tiberíades e foi, com o irmão, recrutado por Jesus logo após o contato com Pedro e André. Por seu caráter forte, era chamado pelo Mestre, da mesma forma que o irmão, "filho do trovão": certa vez, os dois se ofereceram para destruir os habitantes de Samaria que recusaram hospedagem a Jesus. A arrogância dos irmãos manifestou-se na última viagem do grupo a Jerusalém, quando pediram a Jesus para sentarem, um à sua esquerda e outro à sua direita, quando estivessem no reino de Deus. Muito ligado a Jesus, apresentado no Evangelho como o discípulo bem-amado, João acompanhou Maria durante a crucifixão; foi a ele que Jesus recomendou que cuidasse da mãe após a sua morte. Depois da ressurreição, encarregou-se da comunidade cristã de Éfeso. Apesar das perseguições, salvou-se milagrosamente e morreu idoso nessa cidade. Embora fosse considerado inculto e grosseiro, foi o mais inspirado dos evangelistas, deixando ainda outros textos de alta espiritualidade, como o Apocalipse. Festejado no dia 27 de dezembro, é patrono dos editores. Auxilia a vencer os obstáculos no trabalho, principalmente os relacionados com o estudo, a busca de informações e a inspiração.

✟ Oração a São João Evangelista

Glorioso São João Evangelista, vós fostes tão amado por Jesus, que merecestes descansar a cabeça sobre o seu peito e ficar no seu lugar como filho de Maria. Obtende para nós um amor ardente de Jesus e Maria. Intercedei por nós, para que eles sempre nos deem sua proteção, e fazei chegar a ele o pedido que hoje trago por vosso intermédio: ... (fazer o pedido). Deixai-me ficar unido a eles agora na terra e para sempre no céu. Amém.

Jorge

Embora sua biografia seja em grande parte lendária, sabe-se que existiu na Ásia Menor um santo chamado Jorge, cultuado desde o século IV. Segundo a tradição, Jorge nasceu na Capadócia, no final do século III, de uma família rica. Ainda adolescente, tornou-se oficial do exército romano, mas logo converteu-se ao cristianismo e passou a proteger as vítimas das perseguições religiosas. Por esse motivo, foi preso e martirizado nos primeiros anos do século IV. Contam as lendas que sobreviveu milagrosamente a várias torturas, até que foi decapitado, tendo jorrado leite em vez de sangue do corte em seu pescoço. Uma lenda medieval o mostrou como vencedor de um dragão. Sua devoção foi trazida para a Europa pelos cruzados, que foram auxiliados pelo santo na tomada de Jerusalém. Sua festa é no dia 23 de abril e é padroeiro dos militares, escoteiros, fabricantes de armas e cavaleiros, além de proteger contra inimigos, ferimentos, demônios e feitiços.

♱ Oração ao Glorioso São Jorge

Jesus adiante paz e guia, encomendo-me a Deus e à Virgem Maria, minha mãe, e aos doze Apóstolos, meus irmãos. Andarei dia e noite, eu e meu corpo criado e circundado com as mãos de São Jorge. O meu corpo não será preso nem ferido, nem meu sangue derramado, andarei tão livre como andou Jesus Cristo nove meses no ventre da Virgem Maria.

Meus inimigos terão olhos e não me verão; terão boca e não me falarão; terão pés e não me alcançarão; terão mãos e não me ofenderão, pois eu, Senhor, com as armas de São Jorge estou armado, com o sangue de Cristo batizado, com o leite da Virgem borrifado, na arca de Noé embarcado. Assim, Senhor, meus inimigos não poderão matar-me nem ofender-me, nem meu sangue derramar.

Oh fonte! Oh fonte de Davi! Livrai-me, meu Jesus de Nazaré! Tendo Jesus a meu lado, quem poderá ofender-me? A cruz do Senhor caia sobre mim, quem nela morreu responda por mim, para que meus inimigos não se cheguem a mim.

(Rezar três Pais-nossos, três Ave-marias e três Glória ao Pai. Quem trouxer esta oração ao pescoço, não será ofendido pelos seus inimigos.)

✞ *Oração a São Joge*

Em nome do Pai, do Filho e do Espírito Santo.

Glorioso São Jorge, valoroso miliciano de Cristo, que mataste o negro dragão, ouvi meu apelo e apresentai minha prece ao Senhor Deus, Todo-Poderoso.

Confiante em vossos méritos e em vosso poder, eu vos peço, intemerato São Jorge, vossa proteção, abrindo meus caminhos, aplainando as minhas estradas, afastando os obstáculos aos meus passos.

De noite ou de dia, não falteis com o vosso socorro e a vossa assistência. Considerai minha atual aflição, vede a dificuldade em que se encontra vosso devoto e vinde em meu socorro.

(Fazer uma meditação a respeito do problema que aflige o indivíduo.)

São Jorge, socorrei-me, abrindo meus caminhos. Assim seja. (Repetir três vezes.)

(Rezar o Credo e um Pai-nosso.)

José

O esposo de Maria era descendente do rei Davi, o que lhe dava a posição de herdeiro da casa real da Judeia. Entretanto, sob a dominação romana, era um simples carpinteiro na cidade de Nazaré. Ao se casar, descobriu que a esposa estava grávida antes de ir viver com ele; mas não a humilhou publicamente. Quando o anjo lhe disse que o filho de Maria tinha origem divina, recebeu-a em casa, respeitou sua pureza e protegeu-a durante toda a gravidez. Após o nascimento de Jesus, teve em relação a ele a atitude de um verdadeiro pai, protegendo-o, educando-o e ensinando-lhe seu ofício. Por isso, é o patrono das famílias e modelo dos pais, sendo reverenciado a 19 de março. Pela dignidade com que exerceu o ofício humilde, é o patrono dos trabalhadores e, em especial, do movimento operário, que tem seu dia comemorativo, a 1º de maio, associado, desde 1955, à memória de São José operário. Também é o protetor dos moribundos, a quem proporciona uma morte calma.

✞ Oração a São José

A vós, São José, recorremos em nossa tribulação e, depois de termos implorado o auxílio de vossa Santíssima esposa, cheios de confiança solicitamos também o vosso patrocínio. Por esse laço sagrado de caridade que vos uniu à Virgem Imaculada, Mãe de Deus, e pelo amor paternal que tivestes ao Menino Jesus, ardentemente suplicamos que lanceis um olhar benigno sobre a herança que Jesus Cristo conquistou com o seu sangue e nos socorrais em nossas necessidades com o vosso auxílio e poder.

Protegei, guarda providente da divina família, o povo eleito de Jesus Cristo. Afastai para longe de nós, pai amantíssimo, a peste do erro e do vício. Assisti-nos do alto do céu, nosso fortíssimo sustentáculo, na luta contra o poder das trevas, e assim como outrora salvastes da morte a vida ameaçada do menino Jesus, assim também defendei agora todas as criaturas das ciladas de seus inimigos e de toda adversidade.

Amparai a cada um de nós com o vosso constante patrocínio a fim de que, a vosso exemplo e sustentados com o vosso auxílio, possamos viver virtuosamente, morrer piedosamente, obter no céu a eterna bem-aventurança. Amém.

✞ Oração a São José

Lembrai-vos, ó castíssimo esposo da Virgem Maria, São José, meu amado protetor, que nunca se ouviu dizer que algum daqueles que invocaram vossa proteção e imploraram o vosso socorro tivesse ficado sem consolação. Cheio de confiança, me apresento diante de vós e me recomendo com fervor ao vosso patrocínio. Não desatendais às minhas orações, ó pai amoroso do Redentor; mas ouvi-me favoravelmente e dignai-vos acolhê-las. Amém.

✞ Oração a São José

Esposo de Maria, que fostes escolhido pelo Eterno para seu guarda na terra, guardai-me também enquanto eu, mísero pecador, andar por este vale de lágrimas.

O meu coração está entregue em vossas mãos, como no do mais fiel depositário a quem se pode confiar um tesouro. Jesus, ainda menino, também vos foi entregue porque vossa castidade e vossas virtudes bem haviam merecido de Deus uma tão digna recompensa. Junto a esse Menino, que adorastes, apenas nascido no presépio; que ocultastes a Herodes, quando o vistes ameaçado de morte; que chorastes por perdido quando, sentado entre os Doutores, estava explicando a Lei, intercedei, meu glorioso patriarca, para que, na hora da agonia, eu possa reconhecer o momento em que parto deste mundo, para me preparar como cristão, e entrar na glória que gozais. Amém.

Judas Tadeu

O apóstolo Judas Tadeu é chamado nos Evangelhos irmão de Jesus. Segundo os estudiosos, naquela época, o termo 'irmão' também era usado para designar os primos. Com efeito, os historiadores antigos da Palestina dão Judas Tadeu como filho de Cléofas e Maria (irmã da Virgem), e irmão de Simão e Tiago menor. Segundo a tradição, Judas foi evangelizador na Síria, Arábia, Mesopotâmia e Pérsia, onde foi martirizado. Além de ser padroeiro dos hospitais, São Judas é invocado nas situações desesperadas e nas causas perdidas. Seu dia votivo é 28 de outubro.

✞ Oração a São Judas Tadeu

São Judas, glorioso apóstolo, fiel servo e amigo de Jesus, o nome do traidor foi causa de que fôsseis esquecido por muitos, mas a Igreja vos honra e invoca universalmente como o patrono nos casos desesperados, nos negócios sem remédio. Rogai por mim que sou tão miserável! Fazei uso, eu vos imploro, desse particular privilégio que vos foi concedido de trazer viável e imediato auxílio dos céus em todas as minhas precisões, atribulações e sofrimentos, alcançando-me a graça de ... (fazer o pedido), para que eu possa louvar a Deus convosco e com todos os eleitos, por toda a eternidade. Eu vos prometo, ó bendito Judas, lembrar-me sempre deste grande favor e nunca deixar de vos honrar como meu especial e poderoso patrono, e fazer tudo o que estiver ao meu alcance para incentivar a devoção para convosco. Amém.

São Judas, rogai por nós e por todos os que vos honram e invocam o vosso auxílio!

<small>(Três Pais-nossos, três Ave-marias e três Glória ao Pai.)</small>

✞ *Novena de São Judas Tadeu*

Oração Inicial (todos os dias)

São Judas Tadeu, apóstolo e parente de Jesus, Maria e José, eu vos saúdo, exaltando a amizade que vos uniu a Cristo, e agradeço ao bom Deus as graças que Ele vos concedeu. Pelo amor que tanto vos estreita ao Coração Divino, eu humilde e ajoelhado vos suplico que lanceis sobre mim vosso olhar benigno. Não desprezeis minha pobre oração e não permitais que seja vã a minha confiança. Deus vos concedeu a graça de, mediante a vossa valiosa intercessão, amparar os fiéis nos casos mais desesperados. Por isso, ó excelso apóstolo e glorioso mártir, vinde em meu auxílio, para que eu possa cantar a infinita misericórdia do Senhor. Eu vos serei grato por toda a minha vida e permanecerei vosso fiel devoto até que possa agradecer-vos face a face no céu. Amém.

Primeiro Dia

Glorioso São Judas Tadeu, escolhido de Cristo, o amor profundo a Jesus fez com que soubésseis sofrer o martírio na pregação do Evangelho. É importante que eu aprenda as vossas virtudes e siga vossos exemplos como o melhor meio de vos prestar minha homenagem de devoção. Peço-vos, então, que eu seja resignado nas cruzes que aparecem na minha vida e das quais não me posso livrar. Que eu as receba como um convite do amor de Deus para valorizar a minha vida; e compreenda que todas as realidades, agradáveis ou difíceis, deverão ser assumidas como oportunidades benfazejas, que me levarão ao crescimento na fé e no amor a Cristo. Com estas virtudes e esta disponibilidade, procurando seguir vossas virtudes, espero alcançar a graça de melhor amar a Jesus Cristo e cumprir sempre a vontade do Pai. Nesse espírito, confio humildemente que nesta novena que estou iniciando me consigais a graça que ardentemente recomendo aos vossos cuidados junto à misericordiosa Providência de Deus.

Segundo Dia

Zeloso São Judas Tadeu, vosso apostolado teve sempre em vista levar as almas para o bom caminho da verdade e da pureza de alma. Vossa própria pureza foi que atraiu tantos e tantos para a doutrina de Jesus. Vossa alma era o maior argumento daquilo que queríeis ensinar aos outros. Para ser digno devoto vosso, quero esforçar-me para conservar minha alma limpa dos escândalos da impureza. Embora o mundo abra as portas para o mal e para o vício, eu vos peço que me conserveis incólume dos perigos das tentações do demônio e das oportunidades de pecado. Sei que não devo só confiar em vossa ajuda. Devo e quero fazer minha parte mortificando-me dos prazeres dos sentidos para que minha alma possa estar em condições de se achegar a Deus. Assim também espero estar mais preparado para receber a graça que nesta novena ardentemente confio à vossa segura e poderosa intercessão junto de Deus.

Terceiro Dia

São Judas Tadeu, Apóstolo incansável do Reino de Deus, que espalhastes a Boa Nova da Salvação em Cristo, eu quero que venha o quanto antes o reino de Deus a todos os homens. Embora muitos se considerem cristãos, estão dominados pelo materialismo e desnorteados pela fascinação da técnica, voltando as costas a Deus. No entanto, talvez o mundo nunca tenha sido tão sedento da verdade e de Deus como agora. É preciso que muitos sejam como vós fostes: apóstolos do reino de Deus. Eu quero ser um propagador da mensagem da verdade e do amor que Cristo ensinou, e dar testemunho de verdadeiro cristão no ambiente em que vivo, sem nunca vacilar na fé e na esperança. Deus está conosco no caminho do bem, quem poderá nos vencer? Quero dar testemunho, vivendo o Evangelho, para merecer sempre mais a honra de ser realmente considerado vosso devoto mediante o amor que me compromete com Cristo. Com estas disposições, nesta novena, confiante me valho de vossa intercessão junto de Deus.

Quarto Dia

Vigilante Apóstolo São Judas Tadeu, sempre fiel ao chamamento do Mestre Divino, Jesus Cristo, nada vos deteve na obediência à voz de Deus e tudo desprezastes que se opunha ao vosso fiel seguimento à vontade divina. Eu sinto que preciso imitar vossa renúncia na obediência à vontade de Deus. Mas estou por demais apegado às coisas insignificantes da Terra. Tudo me atrai; tudo eu preciso; estou sempre à cata de novidades; penso que com isso posso encher meu coração que procura a felicidade. Ajudai-me, São Judas Tadeu, a ser generoso na obediência e na renúncia como vós fostes. Que eu saiba distinguir o que me é necessário daquilo que é meramente vaidade sem valor. Que eu procure encontrar sempre o que me pode proporcionar a real felicidade e separar o que dela me afasta. Os prazeres e vaidades que procurei até agora, que eu os deixe de ver, buscando em troca sempre e em tudo a vontade de Deus e dedicando-me ao amor de Deus, que é a única maneira de encontrar a felicidade por que meu coração anseia. Em especial, fazei-me enxergar isto nestes dias da novena em que espero receber de Deus o pedido que confio à vossa gloriosa intercessão.

Quinto Dia

Paciente Apóstolo São Judas Tadeu, que dedicastes vossa vida a chamar os pecadores à salvação, procurando livrá-los do pecado. Eu percebo como o mundo se atira na ânsia de sempre novas maneiras de pecar, afastando-se de Deus. E necessário que haja mais gente como vós para livrar os pobres pecadores das garras do pecado. Parece que hoje nada mais é pecado e as almas se lançam a ele sem escrúpulo. Outros, como São Judas, precisam fazer ver ao mundo o mal do pecado. Verdadeiro devoto de São Judas eu quero ser, afastando do pecado, em primeiro lugar, a mim próprio. E me empenharei em fazer uso de todos os meios que estiverem ao meu alcance para corrigir o mundo do mal e desviar o maior número possível de pessoas das ciladas do pecado. Segundo o exemplo de São Judas, procurarei viver o amor revelado por Cristo e ser um sinal e meio de salvação para todos os que Deus fizer se aproximarem de mim. Assim confio com mais segurança dispor minha alma, mesmo desprovida de todo merecimento, para obter a graça que tão ardentemente venho pedindo a Deus por intermédio de vossa poderosa intercessão.

Sexto Dia

São Judas Tadeu, vossa fé em Deus e na verdade que nos deu a conhecer foi inabalável. Nada vos fazia duvidar de Deus e sempre tudo era claro aos vossos olhos iluminados pela fé. Cristo foi sempre a vossa certeza absoluta e nada no mundo poderia fazer-vos pensar diferente. Até sem compreender tudo, bastava para vós ser a doutrina do Mestre, para vossa fé firmar-se sem vacilar. Eu muito vacilo na minha fé. Basta acontecer algo diferente do que eu imagino ou desejo, para eu sentir a fé estremecer. E não é preciso grande coisa ou contrariedade importante para me fazer fraquejar na fé. Sei que com fé assim não posso considerar-me verdadeiro devoto de São Judas e, muito menos ainda, um autêntico discípulo de Cristo. Mas, apoiando-me em vosso testemunho, eu terei também disposição para firmar minha fé. Quando tudo parecer vir contra a fé, eu quero repetir atos de fé em Deus e lembrar-me de vós, para vencer as dúvidas e permanecer inabalável. Colocado sob o vosso amparo, sei que poderei revigorar minha fé, ó querido São Judas, e espero também que Deus se compadeça de mim, atendendo a meu pedido de graça, que estou fazendo nesta novena por vossa bondosa intercessão.

Sétimo Dia

São Judas Tadeu, Apóstolo de Cristo, pregador do Evangelho do Amor. Vossa alma se abrasava de caridade para com Deus e para com o próximo. A caridade é o sinal de ser ou não verdadeiro cristão, Cristo mesmo o falou. Ora, querendo ser vosso digno devoto, é importante que eu viva a caridade. Envidarei esforços para inflamar meu coração de amor para com Deus em primeiro lugar. E, provando o amor de Deus, cultivarei a caridade para com o próximo. Mas é evidente que a caridade deve ser concreta, mostra-se por ações. Por conseguinte, quero ter sempre bons pensamentos com relação ao meu próximo, nunca fazendo mau juízo de ninguém. Quero guardar minha língua de falar mal ou caluniar os outros. Quero disciplinar meus sentidos e meus membros e orientá-los para o respeito aos direitos alheios, e assim evitar prejudicar outra pessoa. Terei o zelo de avaliar devidamente as boas qualidades nas pessoas com quem convivo, mesmo se suas deficiências me molestarem de qualquer maneira. Não tenho ilusões de que a caridade verdadeiramente nobre e distintiva do cristão exige sacrifícios. Mas invocarei São Judas Tadeu e sei que sempre terei disponibilidade para espalhar ao meu redor alguma parcela de bem e de amor. São Judas Tadeu, meu protetor e meu modelo, alcançai-me a vivência de caridade para que eu possa ser contemplado com a graça que ardentemente confio a vossa intercessão.

Oitavo Dia

São Judas Tadeu, vossa dignidade é muita por ter sido apóstolo e parente próximo de Jesus Cristo. Apesar disso, vossa humildade é marcante. Nada aspirastes em troca de tão privilegiada condição. Pretensas concessões a regalias não vos atingiam, mas vosso único ideal se resumia em dar a vida em testemunho do que ensináveis e do Cristo que enchia vosso coração de doçura e de amor. A dignificante condição de apóstolo e de parente de Jesus foi para vós motivo da mais total doação aos vossos irmãos e de dedicação sem reservas ao apostolado. Dais assim uma lição de humildade ao devoto que a vós recorre. Mais uma lição de nobreza de alma e de regra de vida para vosso devoto: o humilde desprendimento. Pretendo ser humilde, São Judas Tadeu, para vos honrar, seguindo vosso exemplo. Quero colocar-me em meu justo e sincero lugar, sem exigir mais. Quero fazer do que eu sou e do que eu tenho, como vós fizestes, instrumento de bem aos outros, vendo no que eu tenho e no que eu sou apenas motivo de ser mais serviçal aos outros, quanto mais eu houver recebido. Assim, apesar de em tudo estar devendo eterna gratidão a meu Deus, ouso tornar-me devedor de mais um favor, que com tanta insistência venho implorando nos dias desta novena, apoiado em vossa intercessão.

Nono Dia

São Judas Tadeu, meu glorioso protetor e modelo! Venho, nestes dias de novena, meditando vossas virtudes e procurando aprender os vossos exemplos como a melhor maneira de preparar minha alma para ser considerado vosso devoto, e fazendo por obter vossos favores junto a Deus. Venho, neste último dia, com toda discrição, mas com ansiedade também, como quem bate sempre de novo, nutrindo plena confiança de que a hora de ser atendido está por chegar. Aqui estou, São Judas Tadeu, certo da vossa compreensão. Se diante do trono de Deus a insistente súplica fez com que Deus julgasse bom para minha alma e para minha salvação o que vos peço, aceito com o coração em festa, cheio de gratidão e de redobrada confiança em vós. Se, no entanto, minhas súplicas nesta novena não se conciliarem com as sábias disposições da Divina Providência, julgando não conveniente para mim o que pedi com tanto ardor, aceito como graça também vossa o não receber o que pedi. Meu esforço em procurar imitar vossas virtudes valeu para me engrandecer a alma e me aproximou de Deus. E o que posso eu esperar de melhor neste mundo do que aproximar-me sempre mais de Deus? Sinto-me feliz, querido São Judas, dou-me por bem pago e fico infinitamente grato à solícita atenção que tivestes para comigo. Em tudo e sempre sejam dadas alegres e generosas ações de graças a Deus através de seu apóstolo e meu amável protetor São Judas Tadeu. Amém.

Lázaro

Na cidade de Betânia, perto de Jerusalém, moravam três irmãos: Lázaro, Maria e Marta. Eles eram grandes amigos de Jesus e membros do grupo de discípulos. Sempre que Jesus ia a Jerusalém, ficava hospedado em sua casa. Conta São João que, certa vez, quando Jesus estava em Cafarnaum, Maria e Marta mandaram-lhe um mensageiro avisando que Lázaro havia adoecido gravemente. Imediatamente Jesus se pôs em viagem para a Judeia. Quando se aproximava da casa dos amigos, Marta veio ao seu encontro, lamentando-se e recriminando-o por não ter chegado mais cedo, pois havia quatro dias que Lázaro havia morrido. Maria também veio ao seu encontro, chorando. Então, Jesus, muito comovido, mandou que abrissem o túmulo de Lázaro e ordenou-lhe que saísse; e Lázaro ressuscitou, retomando sua vida normal. O fato foi presenciado por uma multidão e chegou aos ouvidos dos sacerdotes aliados aos romanos, que decidiram matar Jesus e Lázaro; e prepararam a armadilha graças à qual conseguiram levar Jesus ao suplício. Segundo a tradição mais consistente, logo após a morte de Jesus, Lázaro foi para a ilha de Chipre, onde foi bispo e mártir; sua ida para a França é uma lenda medieval. São Lázaro foi confundido eventualmente com o leproso da parábola do rico e do mendigo, ao qual Lucas deu o seu nome. Por este motivo, é considerado protetor contra a lepra e todas as doenças de pele, especialmente as infecciosas. Também é patrono dos serviços de assistência à saúde. É festejado no dia 17 de dezembro.

✞ Oração a São Lázaro

Querido São Lázaro, que conhecestes a morte e voltastes à vida pelas mãos de Jesus, intercedei por nós para que ele nos contemple com seu amor. Pede-lhe que nos auxilie em nossas dificuldades e tristezas, que nos ampare nas doenças, que alivie as dores e os sofrimentos. Rogai por nós particularmente neste momento de aflição, e dai-nos forças para seguir o exemplo de fé e resignação que vos proporcionou a vida eterna junto a Deus, nosso Senhor. Amém.

Lourenço

Lourenço era diácono de Roma no período do papa Sisto II, em meados do século II. Sua tarefa era distribuir aos pobres e doentes o produto dos donativos dos cristãos, além de auxiliar o papa a administrar os bens da Igreja. Como realizou muito bem o seu trabalho, despertou a cobiça do imperador Valeriano, que o considerava portador de muitas riquezas. Logo após a prisão e morte do papa, Lourenço foi preso. Intimado pelo imperador a entregar os bens da igreja, Lourenço reuniu crianças, velhos e enfermos, e os exibiu, dizendo que aquele era seu tesouro. Foi então amarrado a uma grelha de ferro e posto sobre um braseiro. Conta a tradição que, pouco antes de morrer, encontrou forças para brincar com o carrasco, dizendo: "Vira, que este lado está bem assado." Venerado no dia 10 de agosto, São Lourenço é patrono dos pobres, dos cozinheiros, diáconos e fuzileiros.

✞ Oração a São Lourenço

Deus todo-poderoso, que vosso servo Lourenço seja vestido com o traje da alegria. Que vossa assembleia bem-aventurada o aplauda pelo nobre martírio que enfrentou por vós, suportando até o fim o tormento do fogo. São Lourenço, protetor dos pobres e enfermos, protegei-nos contra os nossos opressores. Permiti que tenhamos sempre alimento em nossa mesa e fé em nosso coração para que possamos, como vós, louvar ao Senhor com alegria em meio aos sofrimentos. Atendei particularmente ao pedido que fazemos hoje, aliviando nossa necessidade. Amém.

Lucas

Lucas era um médico nascido em Antióquia. Depois de se ligar à comunidade cristã de Jerusalém, passou a acompanhar São Paulo, indo com ele à Grécia e, depois, acompanhando-o em Jerusalém até a prisão do apóstolo. Homem culto, Lucas dedicou-se a registrar no seu Evangelho todas as informações que obteve acerca da vida e do ministério de Jesus. É provável que seja ele também o autor dos Atos dos Apóstolos e da Epístola aos Hebreus. Por seu trabalho de pesquisa e registro, Lucas é considerado o primeiro historiador cristão e um grande teólogo. Embora existam tradições distintas a respeito de seus últimos anos de vida, é mais provável que ele tenha vivido por algum tempo em Alexandria e tenha morrido em Bitínia, perto do mar Negro, com mais de 80 anos. Festejado no dia 18 de outubro, é patrono dos artistas, pintores, vidreiros, cervejeiros, médicos e cirurgiões.

✞ Oração a São Lucas

Querido São Lucas, fostes muito amado por nosso Senhor. Descrevendo com fé a humanidade de Jesus, também mostrastes sua divindade e sua genuína compaixão por todos os seres humanos, a quem Deus permitiu que atendêsseis com vosso saber médico. Dai-nos hoje, São Lucas, o duplo poder da arte e da sabedoria para curar o corpo e o espírito através da imagem de Deus. Curai-nos em nossa aflição e iluminai-nos com as imagens de vossa fé. Por Cristo Nosso Senhor. Amém.

Luís Gonzaga

Luís (Luigi ou Aloysius) pertencia à família governante do principado de Mântua, situado no norte da Itália. Nasceu em 1568 e desde pequeno foi preparado para substituir o pai no comando do exército do principado. Entretanto, Luís preferiu a vida religiosa e, aos 14 anos, conseguiu ingressar na companhia de Jesus. Como sacerdote, dedicou-se integralmente ao serviço junto aos doentes. Adoeceu durante a epidemia de peste que atingiu Roma a partir de 1590 e morreu em 1591, com apenas 23 anos. Lembrado no dia 21 de junho, é patrono dos adolescentes, em especial dos rapazes. Também é invocado como protetor contra epidemias e doenças infecciosas graves. Atualmente é patrono dos aidéticos e daqueles que cuidam de aidéticos.

✞ Oração a São Luís Gonzaga

Ó São Luís, adornado de angélicos costumes, eu, vosso devoto, vos recomendo singularmente a castidade de minha alma e de meu corpo. Rogo, por vossa angélica pureza, que intercedais por mim ante o Cordeiro Imaculado, Jesus Cristo, e sua Santíssima Mãe, a Virgem das virgens, e que me preserveis de todo pecado grave. Não permitais que eu me manche com alguma nódoa de impureza, mas, quando me virdes em tentação ou em perigo de pecar, afastai de meu coração todos os pensamentos e afetos imundos. Despertando em mim a lembrança da eternidade e de Jesus crucificado, imprimi profundamente em meu coração o sentimento do santo temor de Deus; e abrasando-me no amor divino, fazei que, imitando-vos na Terra, mereça convosco gozar Deus no céu.

(Rezar um Pai-nosso, uma Ave-maria e um Glória ao Pai.)

✞ *Oração a São Luís Gonzaga*

Salve, São Luís, fragrante flor-de-lis, do céu encanto!

Vem força ao fraco dar, fazê-lo a Deus amar, meu grande Santo.

Lírio de puro olor, aberto ao divino amor, casta brancura, delícia sem fim, no celestial jardim dá a tua alvura.

Em toda tentação, aos castos proteção dá, meigo Santo!

E para os proteger, vem, caridoso, abrir teu manto.

Vem, o agitado mar da vida amansar, São Luís piedoso!

Do mal parte os grilhões, para dar aos corações final repouso.

(Rezar três Pais-nossos e três Ave-marias em intenção do sofrimento de Nosso Senhor Jesus Cristo.)

Luzia

Luzia (ou Lúcia) nasceu em Siracusa (Itália), no início do século IV, em uma família rica. Era cristã, mas seus pais não. Entretanto, após uma peregrinação da qual a mãe voltou curada de uma doença grave, recebeu autorização da família para manter o voto de castidade que fizera e distribuiu seu dote aos pobres. O pretendente à sua mão, rejeitado, denunciou-a como cristã. O procônsul mandou que a levassem a um prostíbulo, para que sua castidade fosse quebrada; mas o corpo de Luzia ficou tão pesado, que não conseguiram levá-la. Foi então degolada mas, ainda com a garganta cortada, continuou a exortar o povo a persistir na fé. Como durante a tortura teve os olhos arrancados e seu nome significa 'luz', foi associada à cegueira e à visão, sendo invocada nas doenças dos olhos. É também considerada iluminadora, dando visão espiritual; por isso é padroeira dos escritores. Lembrada no dia 13 de dezembro.

✞ Oração a Santa Luzia

Milagrosa Santa Luzia, vós que merecestes de Cristo Nosso Senhor que, cega da luz do corpo, fôsseis iluminada pela divina graça, assisti-me com a vossa vivificante fé, para que a minha alma não seja condenada pela cegueira do erro às trevas do pecado. Dai uma boa visão aos meus olhos, protegei-me das doenças e da cegueira, curai-me de todos os males que possam afetar minha visão. Iluminai também o meu espírito, para que eu tenha entendimento, compreensão e sabedoria.

Intercedei por mim junto ao Bom Jesus para que, tendo minha vida iluminada pela sua divina graça, alcance enfim gozar essa perene felicidade que ele prometeu a todos os que o seguirem. Acolhei, miraculosa virgem mártir, este meu pedido e sede minha intercessora, para que à hora da morte mereça gozar convosco a vivificante luz da eternidade. Amém.

Marcos

O evangelista Marcos é provavelmente filho de uma das mulheres em cuja casa os apóstolos se reuniam em Jerusalém. Era sobrinho de Barnabé e o seguiu quando este apóstolo foi com São Paulo em sua missão de evangelização em Chipre. Marcos também acompanhou São Pedro em suas peregrinações. Sua última viagem foi a ida para Roma, em 66, junto com São Paulo, quando este foi preso. Segundo uma das tradições, Marcos morreu martirizado em 68, em Alexandria, no Egito. Representado pelo leão, São Marcos é lembrado no dia 25 de abril e é protetor do gado. O santo é invocado para amansar touros bravios, crianças de mau gênio e inimigos. Por isso existe a oração em que é chamado com São Manso, provavelmente uma corruptela de Amâncio, associada ao verbo "amansar".

✞ Oração a São Marcos e São Manso

São Marcos me marque e São Manso me amanse. Jesus Cristo me abrande o coração e me aparte o sangue mau; que a hóstia consagrada entre em mim; se os meus inimigos tiverem mau coração, não tenham cólera contra mim.

Assim como São Marcos e São Manso foram ao monte e nele havia touros bravos e mansos cordeiros, e os puseram presos e pacíficos nas suas casas, assim os meus inimigos fiquem presos e pacíficos nas suas casas, debaixo do meu pé esquerdo.

Assim como São Marcos e São Manso disseram: "Filho, pede o que quiseres, que serás servido", na casa que eu pousar, se tiver cão de fila, retire-se do caminho; que coisa nenhuma se mova contra mim, nem viva nem morta; e batendo na porta com a mão esquerda, que imediatamente se abra.

Assim como Jesus Cristo, quando no horto, fazendo sua oração, virou-se e viu-se cercado de seus inimigos, e quando disse: "Embainha tua espada!" caíram todos ao chão; assim como as palavras de Jesus Cristo, as de São Marcos e de São Manso abrandaram o coração de todos os homens de mau espírito, dos animais ferozes e de todos os que a eles se quiseram opor, tanto vivos como mortos, tanto na alma como no corpo, e dos maus espíritos, tanto visíveis como invisíveis, não serei perseguido pela justiça nem por inimigos que me quiserem causar dano, tanto no corpo como na alma.

Jesus Cristo, nosso Senhor, desceu da cruz e ao terceiro dia ressuscitou. Por seu poder viverei sempre sossegado na minha casa; pelos caminhos e lugares por onde transitar, vivente de qualidade alguma me poderá estorvar, mas todos me prestarão auxílio naquilo que eu necessitar. Acompanhado da presente oração santíssima, terei a amizade de todo mundo, todos me quererão bem, e por ninguém serei aborrecido.

Maria Madalena

Três mulheres citadas no Evangelho são geralmente confundidas sob este nome: a irmã de Lázaro, que é Maria de Betânia; a Maria pecadora, a quem muito foi perdoado porque muito amou; e a Maria chamada Madalena, ou de Magdala, da qual saíram sete demônios e que passou a seguir Jesus, junto com seus discípulos. E esta última quem aparece aos pés da cruz, junto à Virgem Maria; depois permanece em vigília junto ao sepulcro e é a primeira a encontrá-lo aberto no outro dia. É ela a primeira a encontrar Cristo ressuscitado, que a chama 'Maria' e lhe dá a notícia de sua subida ao céu. Segundo a tradição, Maria Madalena foi viver em Éfeso, com Maria Santíssima e João Evangelista. Por causa da confusão com a pecadora perdoada, é protetora das prostitutas, dos que são submetidos à tentação sexual e dos que se arrependem dos seus erros. Pela confusão com Maria de Betânia, é padroeira da vida contemplativa. Seu dia votivo é 22 de julho.

✝ *Oração a Santa Maria Madalena*

Santa Maria Madalena, tende pena da minha aflição. Assim como vós vos arrependestes de vossos erros aos pés de Jesus Cristo, desejo corrigir minha vida sob a proteção da cruz. Ajudai-me a seguir vosso exemplo de penitência. Protegei-me e apresentai minha súplica junto a Deus onipotente, para que meus pecados sejam perdoados. Ajudai-me, particularmente, a libertar-me da confusão e angústia que, por causa dos meus erros, tanto oprimem minha vida hoje.

Jesus Cristo, meu Deus e Salvador, pelos méritos de Santa Maria Madalena, a quem perdoastes os pecados e que pela vossa graça é agora uma santa, peço-vos perdão para as minhas culpas. Assim como acolhestes Maria Madalena, rogo-vos que atendais a minha súplica, dando-me a resolução de evitar as ocasiões de ofender-vos. Amém.

(Rezar um Pai-nosso, uma Ave-maria e um Salve-rainha.)

Marta

Marta era irmã de Lázaro e Maria. Os três moravam em Betânia, perto de Jerusalém, e Jesus sempre ficava hospedado em sua casa quando pregava na região. Nessas ocasiões, Maria, que era a mais contemplativa das duas, ficava sentada aos pés do Mestre, escutando suas palavras. Enquanto isso, Marta se desdobrava para cumprir todas as tarefas da casa e garantir uma boa acolhida aos hóspedes. Embora ela o fizesse sempre de boa vontade, não podia evitar de sentir certo ressentimento contra a irmã que não a auxiliava. Quando ela a recriminou, entretanto, por ficar parada, Jesus alegou que Maria é que se dedicava às coisas importantes da vida. Por este motivo, a humilde e trabalhadora mulher tornou-se a padroeira das donas de casa e das empregadas domésticas, de todas as mulheres que realizam suas tarefas com dedicação e que não veem seus esforços valorizados. Também protege os cozinheiros, os nutricionistas e os empregados de hotel. Segundo uma lenda que, embora sem base histórica, é muito popular, após a morte de Cristo, Marta fugiu da Palestina com os irmãos e José de Arimateia. O grupo aportou na região de Tarascon, no sul da França, que estava sendo aterrorizada por um monstro (a tarasca) que devorava crianças. Santa Marta subjugou a tarasca, que é representada nas estátuas da santa como um pequeno dragão deitado aos seus pés. Santa Marta é reverenciada no dia 29 de julho.

✞ Novena de Santa Marta

Minha querida Santa Marta, acolhei-me sob a vossa proteção. Entrego-me por completo ao vosso amparo. Como prova do meu afeto por vós, ofereço esta oração durante esta novena. Consolai-me das minhas penas, pela grande felicidade que tivestes em hospedar em vossa casa o Divino Salvador do mundo. Intercedei hoje e sempre por toda a minha família, para que sempre invoquemos o Divino Jesus todo-poderoso em todas as necessidades de nossa vida.

Suplico-vos também, Santa Marta, que tenhais sempre misericórdia infinita para comigo, e que concedais a graça que hoje vos peço de todo o coração: (fazem-se os pedidos.)

Rogo-vos que me façais vencer todas as dificuldades da vida como vós vencestes o dragão que tendes sob vossos pés. Amém, Jesus.

(Esta oração deve ser rezada durante nove terças-feiras seguidas; em cada uma, distribui-se uma oração destas a fim de propagar a devoção a Santa Marta. Essa milagrosa santa concede antes das nove terças-feiras a graça pedida, por mais difícil que pareça ser. Ao rezar a oração, acende-se uma vela e, terminando de rezar, deixa-se que ela queime até o fim.)

Mateus

Mateus, também chamado Levi, era um publicano (arrecadador de impostos) rico da cidade de Cafarnaum. Certa vez, estava ele sentado no posto de arrecadação de impostos, quando Jesus passou e disse: "Segue-me!" Imediatamente, Mateus levantou-se e o acompanhou, convidando-o para ir à sua casa. Lá Jesus sentou-se junto com outros publicanos e pecadores, o que despertou a ira dos fariseus; mas Jesus aproveitou a ocasião para ensinar que sua missão não era recompensar os que já se portavam bem, mas atrair os pecadores, curar os doentes do espírito. Mateus foi um dos doze escolhidos por Jesus para percorrer a Palestina evangelizando. Depois da ressurreição, continuou o mesmo trabalho na comunidade cristã de Jerusalém. Lembrado no dia 21 de setembro, São Mateus é patrono dos contadores, bancários, escriturários, coletores de impostos e inspetores de alfândega.

✞ Oração a São Mateus

Querido São Mateus, abandonastes o desejo de lucro e demonstrastes vossa conversão abrindo mão de vossos bens para seguir o Pobre de Nazaré. Vede que hoje o deus do ouro ainda é cultuado. Por isso, inspirai aqueles que o fazem para que usem parte de sua riqueza no auxílio aos necessitados; e fazei com que nada falte aos que vos invocarem em nome de Jesus. Ajudai-me a resolver todos os problemas atuais ou futuros com o fisco, dívidas ou impostos; e iluminai meu coração para que eu cumpra meus deveres com honestidade, pagando minhas dívidas e compartilhando meus bens com meus irmãos em Jesus, de acordo com o ensinamento de Cristo que nos mandou dar a César o que é de César e a Deus o que é de Deus. Amém.

Matias

Depois da morte e ressurreição de Jesus, quando a comunidade cristã de Jerusalém começou a se organizar para dar continuação ao trabalho evangélico, sob a liderança de Pedro, Matias foi escolhido pelos onze discípulos para ocupar a vaga deixada por Judas Iscariotes. Pelos critérios estabelecidos por Pedro para a aceitação dos pretendentes à vaga, pode-se concluir que Matias acompanhou Jesus e os outros discípulos durante toda a sua atividade pública: segundo Eusébio de Cesareia e São Jerônimo, foi um dos 72 discípulos que Jesus organizou em grupos missionários. Segundo a tradição, depois de ser integrado ao grupo dos doze, Matias permaneceu algum tempo trabalhando na Judeia e depois percorreu outras terras, tendo evangelizado a Capadócia e a Cólchida (ao sul do mar Negro), onde foi martirizado. É lembrado no dia 14 de maio. Embora seja pouco lembrado, patrocina os missionários e os oradores iluminados: professores, conferencistas etc.

✞ *Oração a São Matias*

Glorioso São Matias, que seguindo os desígnios de Deus, tomastes o lugar do infortunado traidor Judas, obtém-nos a graça de viver como vós, uma vida pura, e de sermos chamados pelo mesmo Espírito Santo que vos chamou para o serviço do Senhor. Ajudai-me a obter os dons do Espírito Santo, que são a sabedoria da vontade divina, o entendimento da verdade revelada, a capacidade de julgamento, a força para vencer o mal, a ciência do melhor caminho, a piedade no cumprimento dos deveres e o temor de Deus. Hoje, que estou precisando usar com discernimento minhas habilidades e conhecimentos, afastai de mim os obstáculos e dai-me os dons necessários para que eu alcance o sucesso em minha empresa. E depois de uma vida de boas obras, obtende-me a graça de gozar da vossa companhia no céu, junto a Deus Pai, Filho e Espírito Santo. Amém.

Nicolau

Nicolau era bispo de Mira (na Lícia), no século IV. A narrativa da sua vida é cheia de milagres, como a extinção de tempestades no mar, a ressurreição de crianças e a reposição milagrosa de uma carga de trigo que havia sido doada aos pobres. Certa vez, soube que um homem pobre da cidade pretendia mandar suas três filhas para a prostituição, para que sustentassem a casa; às escondidas, durante a noite, Nicolau jogou pela janela da casa três saquinhos cheios de moedas de ouro, que constituíram os dotes das três. Daí vem a sua proteção às moças e a tradição de dar presentes em seu nome. Diz a tradição que, muitas vezes, Nicolau conseguiu convencer malfeitores a abandonar a vida de crimes. Por este motivo, tornou-se protetor dos ladrões. Em toda a Europa, Nicolau, sob o nome de Klaus ou Claus, tornou-se o símbolo da bondade e solidariedade que cercam os festejos do Natal. Reverenciado no dia 6 de dezembro, é patrono dos viajantes e marinheiros, das moças solteiras e noivas, das crianças, estudantes e pobres, dos boticários, padeiros e comerciantes.

✞ *Oração a São Nicolau*

Bom São Nicolau, vós que fazeis a alegria das crianças, ponde em meu coração o espírito da infância de que fala o Evangelho, e ensinai-me a semear a felicidade à minha volta. São Nicolau, exemplo de fé e caridade, protegei os necessitados, estimulai os pecadores no caminho do arrependimento, guiai os viajantes e intercedei por nós junto a Deus, para que nossos desejos mais puros sejam realizados. Amém.

Onofre

Eremita no deserto perto da Tebaida, no Egito, durante cerca de 70 anos, Onofre viveu no século IV. Segundo a tradição, usava apenas uma tanga de folhas, tendo o corpo semicoberto por longos cabelos. Alimentava-se das frutas de uma tamareira que crescia junto à sua cela. Diz uma lenda, entretanto, que um anjo levava-lhe pão. Por este motivo, é patrono da sorte, da fartura e da riqueza: diz a crença popular que sua imagem, guardada no guarda-comidas, não deixa faltarem alimentos na casa. Cultuado no dia 12 de junho, também é protetor dos tecelões e dos alcoólatras. Conta a tradição que, logo após sua morte, seu discípulo Pafnúcio enterrou-o na encosta de uma montanha, que imediatamente desapareceu.

✟ Oração a Santo Onofre

Meu glorioso Santo Onofre, que pela Divina Providência fostes santificado e hoje estais no círculo da Providência Divina, confessor das verdades, consolador dos aflitos, vós que às portas de Roma viestes encontrar-vos com o meu Senhor Jesus Cristo e a graça pedistes de que não pecásseis, assim como lhe pedistes três, eu vos peço quatro. Meu glorioso Santo Onofre, peço-vos que me façais esta esmola para eu bem passar; vós que fostes pai dos solteiros, sede também para mim; vós que fostes pai dos viúvos, também sede de mim; vós que fostes pai dos casados, também sede de mim. Meu glorioso Santo Onofre, por meu Senhor Jesus Cristo, por sua mãe Santíssima, pelas cinco Chagas de Jesus, pelas sete dores de Nossa Santíssima Mãe Maria, pelas almas santas benditas, por todos os anjos e santos do céu e da terra, peço-vos que me concedais a graça que vou pedir ... (fazer o pedido). Meu glorioso Santo Onofre, pela sagrada paixão e morte de Nosso Senhor Jesus Cristo, pela Santa Cruz em que morreu, pelo Sangue de Cristo, peço-vos que me alcanceis essas graças que tanto necessito; e espero ser atendido neste espaço de 40 dias, ouvindo o que vós dissestes com a vossa sagrada boca.

Amém, Jesus.

(Rezar por nove dias consecutivos, acompanhada com nove Pais-nossos, nove Ave-marias e nove Glória ao Pai. Reze, de preferência, em frente a uma imagem de Santo Onofre.)

Paulo

Paulo era um jovem fariseu nascido em Tarso, na Cilícia, e criado em Jerusalém, na época da formação da comunidade cristã dessa cidade. Paulo era um dos mais ferrenhos opositores ao cristianismo. Certa vez, ofereceu-se para ir a Damasco levando instruções para que os cristãos fossem presos. No meio da viagem, entretanto, foi cegado por uma luz e ouviu a voz de Jesus. Conduzido a Damasco, lá permaneceu, cego e em jejum, até que Ananias o curou e batizou. Desde então, tornou-se um dos mais ativos apóstolos, tendo levado a organização das comunidades cristãs a Chipre, a toda a região da Galácia, Frígia e Lídia (atual Turquia) e à península grega, fazendo um intenso trabalho de evangelização e muitos milagres. De volta a Jerusalém, foi preso e enviado para Roma com outros presos. Nessa viagem, ao parar em Malta, foi picado por uma víbora, mas nada sofreu. Depois de três anos em prisão domiciliar, foi executado, em 67. É patrono dos missionários, dos funcionários de relações públicas e dos recepcionistas (especialmente de hospitais). Também protege contra picadas de cobras. Seu dia votivo é 29 de junho.

✝ *Oração a São Paulo*

Glorioso São Paulo, depois de perseguir a Igreja, vós vos tornastes, pela graça de Deus, seu mais zeloso apóstolo. Para levar o conhecimento de Jesus aos mais longínquos pontos da Terra, vós enfrentastes alegremente prisão, flagelações, apedrejamentos e naufrágios, e todas as formas de perseguição que culminaram no derramamento da última gota do vosso sangue por Nosso Senhor Jesus Cristo. Em nome de vossa dedicação, obtende-me a graça de que meu trabalho seja produtivo e que eu aceite qualquer desafio e atribulação que apareça em meu caminho. Protegei-me em minhas viagens, não deixando que eu seja atingido por qualquer perigo, seja ele tempestade, envenenamento ou agressão. Ajudai-me a ser inspirado pelo exemplo do vosso amor por Jesus e a terminar a vida encontrando-vos no céu por toda a eternidade. Amém.

Pedro

Depois de ter sido batizado por João, Jesus foi viver em Cafarnaum, perto do lago Tiberíades (mar da Galileia). Certo dia, passeando na beira do lago, viu dois pescadores: eram os irmãos Simão e André. Chamou-os e eles o seguiram. Desde esse dia, Simão passou a chamar-se Pedro, por causa de um jogo de palavras feito por Jesus, que trocou o nome Simão por Cefas ("pedra" em aramaico). Segundo a tradição, Jesus disse que Pedro seria a pedra sobre a qual seria erguida a sua Igreja; com efeito, Pedro consolidou o cristianismo em Roma, de onde foi o primeiro bispo, tornando-se o modelo dos papas. Além de ser o primeiro discípulo, Pedro foi o companheiro mais próximo de Jesus, acompanhando-o nas vigílias. Entretanto, seu zelo não impediu que cumprisse a profecia de Jesus, negando-o três vezes após sua prisão. Após a ressurreição, Jesus designou-o líder dos apóstolos. Pedro foi preso várias vezes, sendo solto milagrosamente; mas continuou pregando e fazendo milagres. Supõe-se que foi para Roma, onde teve papel ativo no desenvolvimento da comunidade cristã local, e onde foi preso e martirizado. Segundo a tradição, é o porteiro do céu: com suas chaves, tem o poder de abrir e fechar os caminhos. Venerado no dia 29 de junho, é patrono dos pescadores, dos papas e dos idosos, além de proteger contra perigos.

✞ Oração das Três Chaves de São Pedro

Em nome do Pai, do Filho e do Espírito Santo.

São Pedro, Príncipe dos Apóstolos, vosso nome era Simão, mas Nosso Senhor Jesus Cristo o mudou para Pedro, a fim de serdes a pedra sobre a qual Ele iria construir o templo da fé. Mudando o vosso nome, o Senhor vos entregou as três chaves do segredo e dos poderes, no céu e na terra, dizendo-vos: "O que desligardes na terra será desligado nos céus, o que ligardes na terra será ligado nos céus."

São Pedro, Príncipe dos Apóstolos, a primeira chave é de ferro, abre e fecha as portas da existência na terra. A segunda chave é de prata, abre e fecha as portas da sabedoria. A terceira chave é de ouro, abre e fecha as portas da vida eterna. Com a primeira, vós abris a entrada para a felicidade terrena; com a segunda, abris o pórtico da ciência espiritual; com a terceira, abris o paraíso.

Fechai para mim, glorioso apóstolo e mártir, os caminhos do mal e abri os do bem. Desligai-me na terra para que eu esteja desligado nos céus. Com a vossa chave de ferro, abri as portas que se fecharem diante de mim. Com a vossa chave de prata iluminai meu espírito, para que eu veja o bem e me afaste do mal. Com a vossa chave de ouro, descerrai as entradas da corte celestial, quando o Senhor for servido de chamar-me.

Glorioso São Pedro, vós que sabeis de todos os segredos dos céus e da terra, ouvi meu apelo e atendei à prece que vos dirijo. Assim seja.

(Rezar um Credo e um Pai-nosso.)

Rita de Cássia

Nascida em uma cidadezinha da Úmbria, na Itália, no final do século XIV, Rita desejava ser religiosa mas, atendendo ao desejo dos pais, casou-se com Paulo Ferdinando. Seu marido era violento e desordeiro; além de criar muitos problemas fora de casa, maltratava a mulher, que sempre o suportou com tanta paciência e bondade, que conseguiu fazê-lo mudar de vida. Mas isso ocorreu muito tarde pois, graças às muitas inimizades que criara, Paulo foi assassinado. Rita tinha dois filhos já crescidos que, tendo herdado o caráter violento do pai, decidiram vingá-lo. Não querendo que seus filhos se tornassem assassinos, Rita pediu a Deus que os levasse, e sua oração foi atendida. Viúva e sozinha, Rita decidiu realizar sua vocação; mas, como já fora casada, não foi aceita no convento agostiniano de Cássia. Rita foi para casa e rezou muito, pedindo a ajuda dos santos de sua devoção: Agostinho, João Batista e Nicolau. Pela madrugada, os santos lhe apareceram e a levaram para o convento, ainda fechado, e a puseram no meio do coro da capela onde as monjas recitavam as orações da manhã. Diante desse milagre, Rita foi aceita no convento. Em uma de suas muitas horas de oração, Rita foi marcada na testa com um espinho, levando até a morte o estigma do martírio de Jesus. Reverenciada no dia 22 de maio, Santa Rita é padroeira das causas impossíveis e protetora das mulheres maltratadas pela família, das que são infelizes no casamento e de todos os que sofrem abusos físicos.

✝ *Oração a Santa Rita*

Poderosa Santa Rita, chamada a Santa dos Impossíveis, advogada dos casos desesperados, auxiliar na hora extrema, refúgio na dor, a salvação para os que se acham nos abismos do pecado e do desespero, com toda a confiança no vosso celeste patrocínio, a vós recorro no difícil e imprevisto caso que dolorosamente me aflige o coração. Dizei-me, Santa Rita, não me quereis auxiliar e consolar? Afastareis o vosso olhar piedoso do meu pobre coração angustiado? Vós bem sabeis, vós bem conheceis o que seja o martírio do coração. Pelos sofrimentos atrozes que padecestes, pelas lágrimas amargosíssimas que santamente chorastes, vinde em meu auxílio! Falai, rogai, intercedei por mim que não ouso fazê-lo ao Coração de Deus, Pai de misericórdia e fonte de toda a consolação, e obtende-me a graça que desejo! (Mencionar a graça desejada.)

Apresentada por vós, que sois tão cara ao Senhor, a minha prece será certamente aceita e atendida; valer-me-ei deste favor para melhorar a minha vida e os meus hábitos, e para exaltar na terra e no céu as misericórdias divinas. Amém.

(Rezar três Pais-nossos, uma Ave-maria e um Glória ao Pai.)

Sebastião

Cidadão romano, nascido em Milão no final do século III, Sebastião era centurião. Após converter-se ao cristianismo, passou a ajudar os outros cristãos e a exercer o apostolado entre os soldados e os prisioneiros comuns. Preso e condenado por traição ao Império, foi martirizado provavelmente no ano 300. Segundo a tradição, foi amarrado a uma árvore e crivado de flechas. Lembrado no dia 20 de janeiro, São Sebastião é patrono de soldados, atletas e arqueiros, além de proteger contra doenças contagiosas, fome e guerras.

✞ Oração a São Sebastião

Glorioso mártir São Sebastião, vós que derramastes vosso sangue e destes vossa vida em testemunho da fé de Nosso Senhor Jesus Cristo, do mesmo Senhor alcançai-nos a graça de sermos vencedores dos nossos inimigos: o mundo, o demônio e a carne; e protegei-nos com a vossa poderosa intercessão: livrai-nos a todos da peste, fome e guerra, sobretudo da peste moral que precipita no abismo tantas almas. Fazei que os ímpios e aqueles que têm a desgraça de ser instrumentos do inferno, se convertam. Que o justo persevere, que a fé se propague e a caridade triunfe.

S. Sebastião, advogado contra a peste, fome e guerra, rogai por nós.

✝ *Novena de São Sebastião*

Magnânimo São Sebastião, que tanto sofrestes pelo amor de Nosso Senhor Jesus Cristo, e que pela vossa infinita crença na eterna bem-aventurança dos Céus tanto sangue derramastes, todo contrito e possuído de ilimitada fé, de joelhos venho suplicar que concedais a graça de interceder junto ao Pai Eterno e de seu Santíssimo Filho, para que ... (dizer o nome da pessoa) se veja livre de .... (citar o padecimento ou dor), que tanto o atormenta e tão cruciantes sofrimentos lhe causa.

São Sebastião, esta súplica vos é dirigida em nome do santo sangue que derramastes sem uma queixa, sem o menor lamento, com a serenidade dos justos e dos que sabem que os Céus são o seu reino.

São Sebastião, misericordioso, rogai por todos os crentes que sofrem neste mundo pecador.

São Sebastião, rogai por nós.

Em nome do Pai, do Filho e do Espírito Santo. Amém.

(Deve-se rezar esta oração por nove dias consecutivos, três vezes ao dia, fazendo o sinal da cruz sobre o paciente, com galhos de arruda ou alecrim. Após cada prece, rezam-se três Pais-nossos, três Ave-marias e um Glória ao Pai, em intenção das chagas sagradas de Nosso Senhor Jesus Cristo e do sangue derramado por São Sebastião.)

Simão

Do apóstolo Simão sabe-se apenas que era cananeu e zelote. Nada mais é dito sobre ele, mas pode-se supor que sua ação, embora secreta, foi muito importante para a comunidade cristã na Judeia. Os zelotes eram um grupo nacionalista radical, uma organização política que lutava contra o domínio romano na Palestina e pela preservação das tradições do povo hebreu. Desta forma, a presença de um zelote entre os discípulos indica a ligação de Jesus com o movimento do povo subjugado pelos invasores, além de propiciar uma forma de proteção ao grupo de evangelizadores em suas andanças pela região. Segundo algumas fontes, Simão percorreu o Egito, a Líbia e a Mauritânia em seu trabalho evangelizador; teria também percorrido a Pérsia, junto com Judas Tadeu. Teria substituído Tiago como bispo de Jerusalém, no período da destruição da cidade pelos romanos, vivendo mais de cem anos e sendo martirizado no início do século II. Lembrado no dia 28 de outubro, São Simão é patrono dos curtidores.

✟ Oração a São Simão

Glorioso São Simão, fostes primo e seguidor devotado de Jesus. Vosso apelido de zelote indica que estivestes sempre pronto a dar a vida por vossa fé e vossa liberdade como pessoa humana. Obtém de Jesus a graça de dedicarmos nossas vidas ao trabalho pela paz e pela liberdade. Intercedei por mim junto a Cristo, para que meus inimigos sejam afastados e para que eu possa viver livre e em paz. Ajudai-me a dedicar-me a Deus na terra e a ser recebido por ele no céu por toda a eternidade. Amém.

Tecla

Tecla era uma jovem que vivia na cidade de Iconium (na Silícia) com a mãe. Quando São Paulo esteve na cidade, ela o ouviu, da janela de sua casa, quando pregava para a comunidade cristã reunida na casa em frente da sua. Maravilhada com o que Paulo dizia, Tecla ficou escutando-o por três dias, sem sair do lugar, sem comer nem beber. Desta forma, ela se converteu ao cristianismo e decidiu procurar Paulo. Enquanto ela pensava nisso, chegou à casa seu noivo, Tamíris, comunicando à família que pretendia casar-se imediatamente; mas Tecla recusou-se a aceitá-lo, indo em busca de Paulo. Furioso, Tamíris denunciou o apóstolo como mago e corruptor de mulheres. Paulo e Tecla foram presos; Paulo foi expulso da cidade e Tecla, condenada à fogueira. Entretanto, uma tempestade repentina salvou-a das chamas. Tecla fugiu com Paulo para Antióquia, mas lá o governador apaixonou-se por ela. Como Tecla o rejeitou, foi jogada aos leões, mas as feras não a atacaram. Tecla fugiu com Paulo para a Lícia, mas desde então disfarçou-se como um rapaz. Durante algum tempo ela acompanhou o apóstolo, pregando o Evangelho. Depois voltou para Iconium, onde viveu por mais 70 anos como eremita em uma caverna. Festejada no dia 23 de setembro, Santa Tecla é padroeira das mulheres maltratadas e subjugadas pela família.

✞ *Oração a Santa Tecla*

Gloriosa Santa Tecla, vós seguistes o apóstolo São Paulo; por amor de Cristo fostes torturada; pelo poder de Cristo fostes milagrosamente salva do fogo e das feras a que vossos inimigos vos jogaram. Santa Tecla, vós vos armastes com a cruz contra a arrogância dos homens e fostes a primeira mulher a se tornar mártir e propagadora da fé cristã. Em memória do sofrimento que conseguistes vencer amparada pela fé, ajudai-me hoje a vencer os obstáculos que encontro em minha vida. Amparai-me, dai-me forças para lutar contra meus opressores e para suportar os sacrifícios por meus ideais. E intercedei por mim, para que eu possa conquistar a salvação eterna junto a Cristo nosso Senhor. Amém.

Teresinha

A "santa das rosas" nasceu na França, em 1873, e morreu em 1897, com tuberculose. Aos 15 anos, por autorização especial do papa, tornou-se freira carmelita, passando a viver reclusa no convento de Lisieux.

Durante os nove anos que ainda teve de vida, apesar da doença que a consumiu, dedicou-se simultaneamente a uma intensa experiência espiritual e a uma grande devoção à ação missionária. Por isso é padroeira da atividade missionária, além de proteger os gravemente enfermos, em especial as vítimas de doenças infecciosas (como a AIDS e a tuberculose), e os órfãos. Sua ligação com as rosas se originou de uma declaração da santa que, quando já se encontrava gravemente doente, disse desejar oferecer a Jesus as "flores de seus pequenos sacrifícios". Além de ser padroeira dos floristas e dos floricultores, Santa Teresinha tem uma bonita tradição ligada ao seu nome. Dizem os fiéis que, quando uma pessoa ora à santa e pouco tempo depois recebe uma rosa, isto é sinal de que seu pedido será atendido. Santa Teresinha é lembrada no dia 1º de outubro.

✞ Oração a Santa Teresinha

Gloriosa e pura Santa Teresinha do Menino Jesus, que vivestes na terra honrando e glorificando Nosso Senhor, venho suplicar-vos a mercê da vossa proteção em todos os transes dolorosos e difíceis de minha existência. Santa Teresinha do Menino Jesus, tomai-me sob a vossa proteção. Embora os meus pecados me tornem indigno de vos dirigir um pedido, eu creio em vossa bondade, Esposa Mística de Nosso Senhor.

Creio em vós, bondosa Virgem, exemplo de pureza, arca de virtudes, amparo dos que recorrem a vós cheios de fé em vosso alto merecimento perante Deus Nosso Pai. Ouvi-me, Santa Teresinha, atendei à minha prece. Sede propícia ao meu apelo, protegendo-me em meu caminho por esta existência, guiando-me a mim e a todas as pessoas de minha família, afastando-nos a todos de desastres, de acidentes e de situações perigosas para o nosso corpo e nossa alma.

Velai por nós, na rua, em nosso trabalho, em casa, de dia, de noite, livrando-nos dos desastres, dos atropelamentos, das quedas, dos malfeitores.

Evitai-nos as ocasiões de ofendermos a Deus. Conservai-nos, ó virgem casta, piedosa e pura, fiéis aos ensinamentos do vosso Divino Esposo, Nosso Senhor Jesus Cristo, a quem sejam dadas honra e glória, louvor e adoração, por todos os séculos. Amém.

(Rezar um Pai-nosso, uma Ave-maria e um Salve-rainha.)

Tiago Maior

Tiago, chamado maior, era filho de Salomé e Zebedeu, irmão mais velho de João Evangelista, e pescador. Foi um dos primeiros a serem recrutados por Jesus. Apesar de sua arrogância (pois pediu a Jesus, junto com o irmão, para sentar ao seu lado no céu), Tiago era firme e dedicado à sua missão. Depois da morte de Cristo, foi uma das vítimas das primeiras perseguições ocorridas em Jerusalém, tendo sido preso e decapitado em 42. No século VI, surgiu na Europa uma lenda segundo a qual Tiago teria sido o evangelizador da Espanha. No século IX, Teodomiro, bispo de Iria (no norte da Espanha), afirmou ter encontrado o túmulo do santo, em um local que lhe foi indicado por uma estrela, razão pela qual ficou conhecido como o Campo da Estrela (Compostela). Apesar do caráter puramente lendário dessa história, o lugar tornou-se rapidamente um dos grandes centros de peregrinação na Europa. Reverenciado no dia 25 de julho, São Tiago é patrono de operários, peregrinos e cavaleiros. É invocado pelos doentes de reumatismo.

✞ Oração a São Tiago Maior

Glorioso São Tiago, por causa de vosso fervor e generosidade, Jesus escolheu-vos para testemunhar sua glória na montanha e sua agonia no jardim. Em memória desse privilégio, intercedei por mim e obtende-me força e consolação diante dos infinitos obstáculos da vida. Afastai de mim aqueles que desejam oprimir-me e prejudicar-me. Acompanhai-me ao longo do meu caminho, para que nem mal físico nem espiritual, nem perigo material nem demoníaco possa deter-me. Ajudai-me a seguir Cristo constante e generosamente, para que, vencendo todas as dificuldades, eu obtenha a coroa de glória no céu. Amém.

Tiago Menor

O Tiago que São Marcos chamou de 'menor', para diferenciá-lo do apóstolo irmão de João Evangelista, não pertencia ao grupo central de discípulos de Jesus, mas era uma figura importante na primeira comunidade cristã. Depois que São Pedro partiu para Roma, Tiago tornou-se bispo de Jerusalém. Segundo a tradição, foi condenado a ser apedrejado até a morte em 61 ou 62. É lembrado no dia 3 de maio, sendo padroeiro dos farmacêuticos e dos chapeleiros.

✞ *Oração a São Tiago Menor*

Glorioso São Tiago, fostes primo, amigo e seguidor de nosso Senhor. Escrevestes que todo dom bom e perfeito nos vem do Pai das luzes, e a fé sem obras é inútil. Pregastes a grandeza de Cristo até vossa morte no martírio. Obtende então de Deus, para este vosso servo, o grande dom de uma fé viva na divindade de Jesus, que me inspirará a trabalhar no serviço de Deus e de meus companheiros humanos, enfrentando e vencendo os obstáculos que são tão numerosos em minha vida como as pedras que vos jogaram. E se for de acordo com os desígnios de Deus, afastai de mim, com vossas santas mãos, as pedras com que hoje meus inimigos tentam destruir-me. Por Cristo, Nosso Senhor. Amém.

Tomé

São Tomé é o apóstolo das dúvidas e das investigações, o único que ousou questionar Jesus acerca de suas afirmações, exigindo ver e tocar suas feridas para acreditar que ele era realmente Jesus ressuscitado. Durante a última ceia, demonstrou suas dúvidas declarando não saber como reconhecer o caminho para seguir Jesus até a casa de Deus, e provocando a resposta: "Eu sou o caminho, a verdade e a vida." Em compensação, desde que estivesse convencido, sua fé era firme e decidida. Quando Jesus estava prestes a ir para a Judeia visitar Lázaro enfermo, e todos os discípulos temiam pelas consequências da viagem, Tomé foi o único que se dispôs decididamente a ir e morrer com o Mestre, estimulando a coragem dos companheiros. Quando Jesus ressuscitado provou-lhe que era mesmo quem dizia ser, Tomé, antes incrédulo, foi o primeiro a chamá-lo de Deus. Festejado no dia 3 de julho, São Tomé é invocado para dar força, coragem, clareza de raciocínio e capacidade de decisão.

✞ Oração a São Tomé

Glorioso São Tomé, vosso pesar pela morte de Jesus foi tão grande, que somente pudestes acreditar em sua ressurreição quando tocastes em suas feridas. Mas vosso amor por Ele era tão grande, que fez com que désseis vossa vida por ele sem hesitação. Orai por nós para que sintamos o mesmo pesar por nossos erros. Dai-nos força e coragem para que encontremos o caminho reto e nos dediquemos ao serviço a Deus como vós o fizestes.

E hoje, particularmente, quando preciso tomar uma importante decisão em relação a ... (mencionar o problema que precisa ser resolvido), ajudai-me dando-me clareza para pensar, coragem para escolher o que seja melhor para mim e forças para seguir o caminho mais adequado. São Tomé, rogai por mim a Cristo, nosso Senhor. Amém.

Ladainha de Todos os Santos

Senhor, tende piedade de nós

Jesus Cristo, tende piedade de nós.

Senhor, tende piedade de nós.

Jesus Cristo, ouvi-nos.

Jesus Cristo, atendei-nos.

Deus Pai do céu, tende piedade de nós.

Deus Filho, Redentor do Mundo, tende piedade de nós.

Deus Espírito Santo, tende piedade de nós.

Santíssima Trindade que sois um só Deus, tende piedade de nós.

Santa Maria, rogai por nós.

Santa Mãe de Deus, rogai por nós.

Santa Virgem das virgens, rogai por nós.

São Miguel, rogai por nós.

São Gabriel, rogai por nós.

São Rafael, rogai por nós.

Todos os santos anjos e arcanjos, rogai por nós.

Todas as santas ordens dos espíritos bem-aventurados, rogai por nós.

Santa Ana, rogai por nós.

São João Batista, rogai por nós.

São José, rogai por nós.

Todos os santos patriarcas e profetas, rogai por nós.

São Pedro, rogai por nós.

São Paulo, rogai por nós.

Santo André, rogai por nós.

São Tiago, rogai por nós.

São João, rogai por nós.

São Tomé, rogai por nós.

São Filipe, rogai por nós,

São Bartolomeu, rogai por nós.

São Mateus, rogai por nós.

São Simão, rogai por nós.

São Judas Tadeu, rogai por nós.

São Matias, rogai por nós.

São Barnabé, rogai por nós.

São Lucas, rogai por nós.

São Marcos, rogai por nós.

São Dimas, rogai por nós.

São Lázaro, rogai por nós.

Santa Marta, rogai por nós.

Todos os santos apóstolos e evangelistas, rogai por nós.
Todos os santos discípulos do Senhor, rogai por nós.
Todos os Santos Inocentes, rogai por nós.
Santo Estêvão, rogai por nós.
São Lourenço, rogai por nós.
São Sebastião, rogai por nós.
São Jorge, rogai por nós.
Santos Cosme e Damião, rogai por nós.
Santos Crispim e Crispiniano, rogai por nós.
Santo Expedito, rogai por nós.
Todos os santos mártires, rogai por nós.
São Cipriano, rogai por nós.
São Gregório, rogai por nós.
São Jerônimo, rogai por nós.
Santo Isidoro, rogai por nós.
São Nicolau, rogai por nós.
Santo Antônio, rogai por nós.
Todos os santos pontífices e confessores, rogai por nós.
Todos os santos doutores, rogai por nós.
Santo Antão, rogai por nós.
São Bento, rogai por nós.
São Domingos, rogai por nós.
São Francisco, rogai por nós.
São Benedito, rogai por nós.
São Cristóvão, rogai por nós.

Todos os santos sacerdotes e levitas, rogai por nós.

Todos os santos monges e eremitas, rogai por nós.

Santa Bárbara, rogai por nós.

Santa Helena, rogai por nós.

Santa Clara, rogai por nós.

Santa Edwiges, rogai por nós.

Santa Maria Madalena, rogai por nós.

Santa Águeda, rogai por nós.

Santa Luzia, rogai por nós.

Santa Inês, rogai por nós.

Santa Cecília, rogai por nós.

Santa Catarina, rogai por nós.

Santa Rita, rogai por nós.

Santa Teresinha, rogai por nós.

Santa Tecla, rogai por nós.

Todas as santas virgens e viúvas, rogai por nós.

Todos os santos e santas de Deus, intercedei por nós.

Ó Deus, sede-nos propício, perdoai-nos, Senhor.

Ó Deus, sede-nos propício, ouvi-nos, Senhor.

De todo o mal, livrai-nos, Senhor.

De todo pecado, de vossa ira, da morte repentina e imprevista, da traição do demônio, da ira, do ódio e de toda a má vontade, do espírito da impureza, dos raios e tempestades, do flagelo de terremotos, da peste, da fome e da guerra, da morte eterna,

Pelo mistério da vossa santa encarnação,

Pelo vosso batismo e santo jejum,

Pela vossa cruz da paixão,

Pela vossa morte e sepultura,

Pela vossa santa ressurreição,

Pela vossa admirável ascensão,

Pela vinda do Espírito Santo, nosso consolador, no dia do Juízo,

Ainda que pecadores, nós vos rogamos, ouvi-nos, Senhor.

Para que nos perdoeis.

Para que nos favoreçais.

Para que vos digneis conduzir-nos numa verdadeira penitência.

Para que vos digneis confortar-nos e conservar a nós mesmos no vosso santo serviço.

Para que eleveis nossas almas aos celestiais desejos.

Para que retribuais e compenseis com os dons eternos a todos os nossos benfeitores.

Para que livreis da eterna condenação nossas almas e as dos nossos próximos e benfeitores.

Para que vos digneis conceder e conservar os frutos da terra.

Para que vos digneis conceder o eterno descanso a todos os fiéis defuntos.

Para que vos digneis atender-nos, Filho de Deus.

Cordeiro de Deus, que tirais os pecados do mundo, perdoai-nos, Senhor.

Cordeiro de Deus, que tirais os pecados do mundo, ouvi-nos, Senhor.

Cordeiro de Deus, que tirais os pecados do mundo, tende piedade de nós.

Jesus Cristo, ouvi-nos, Jesus Cristo, atendei-nos,

Senhor, tende piedade de nós.

Jesus Cristo, tende piedade de nós.

Senhor, tende piedade de nós.

(Terminar rezando um Pai-nosso.)

ORAÇÕES ÀS ALMAS

Oração das Treze Almas

Minhas treze almas benditas, sabidas e entendidas, a vós peço, pelo amor de Deus, atendei ao meu pedido. Minhas treze almas benditas, sabidas e entendidas, a vós peço, pelo sangue que Jesus derramou, atendei ao meu pedido. Pelas gotas de suor que Jesus derramou do seu sagrado corpo, atendei ao meu pedido.

Meu Senhor Jesus Cristo, que a vossa proteção me cubra com os vossos braços; me guarde no vosso sagrado coração e me proteja com os vossos olhos.

Oh! Deus de bondade: Vós sois meu advogado na vida e na morte; peço-vos que atendais aos meus pedidos. Livrai-me dos males, dai-me sorte na vida, segui os meus inimigos, que os olhos do mal não me vejam, cortai as forças dos meus inimigos.

Minhas treze almas benditas, sabidas e entendidas, se me fizerdes alcançar estas graças (citar as graças pedidas), ficarei devoto de vós e sempre divulgarei sua devoção.

(Rezam-se treze Pais-nossos e treze Ave-marias durante treze dias. Publicar ou distribuir cópias da oração.)

Oração às Almas

Santas almas cristãs, que neste mundo não desfalecestes na fé de Nosso Senhor Jesus Cristo e que, merecidamente, gozais da paz, da felicidade, das bem-aventuranças eternas.

Santas almas cristãs que viveis na luz eterna, eu vos dirijo esta prece, tendo confiança em vossa caridade. Rogo-vos que oreis por mim a Nosso Senhor Jesus Cristo, à Santíssima Virgem Maria, e que apresenteis meus lamentos à justiça de Deus Pai, todo misericordioso, cujos louvores não cessam na boca dos seus Santos Anjos.

Vede, Santas Almas caridosas, que estou sofrendo e que uma profunda tristeza abateu meu coração. Vinde pois em meu socorro, afastai de mim as influências dos espíritos malignos, afastai de meus caminhos meus inimigos, as pessoas invejosas, e aclarai a minha mente para que eu possa ver o caminho do bem e seguir os ensinamentos de Nosso Senhor. Acorrei, Santas Almas, em auxílio, não desamparai um irmão que vos suplica, cheio de fé em vossos merecimentos e em vossa caridade. Pelo sangue de Nosso Senhor Jesus Cristo. Amém.

(Rezar o Credo e o Salve-rainha.)

Oração por um Morto da Família

Bendito seja Deus, Pai de Nosso Jesus Cristo, Pai das misericórdias e Deus de toda a consolação, que nos consola em todas as nossas tribulações.

– O Senhor esteja convosco!

– Ele está no meio de nós.

Senhor e Redentor nosso, que morrestes para salvar todos os homens, fazendo-os passar da morte para a vida, olhai com bondade para os que choram e rezam por seu amigo e parente ... (dizer o nome). Ó Rei eterno, que sois santo e misericordioso, não permitais que nosso parente ... (dizer o nome) seja separado de vós mas, pelo poder de vossa glória, perdoai-lhe todos os pecados, dai-lhe a felicidade, a luz e a paz.

Vós que sois Deus com o Pai e o Espírito Santo. Amém.

Oração pelas Almas do Purgatório

Agradeço-vos, Jesus, que do céu descestes para, com vossos ensinamentos, santidade e graça, libertar os homens de seus males. Rogo-vos pelas almas que sofrem no Purgatório. Fazei com que estas almas, libertadas enfim das próprias penas e admitidas no gozo eterno, intercedam pelo mundo, para que os muitos meios que prodigalizastes para o nosso progresso material sejam empregados para o bem, a paz e a salvação dos homens. Dai-lhes, Senhor, o descanso eterno. Que a vossa luz perpétua as ilumine e que descansem em paz. Amém.

Oração na Sepultura

Deus de misericórdia, que concedeis o repouso aos vossos fiéis, abençoai este túmulo e mandai um anjo para guardá-lo. Purificai de todo pecado o nosso irmão

... (diz o nome), cujo corpo aqui sepultamos, para que se alegre sempre convosco na companhia dos vossos santos.

Por nosso Senhor Jesus Cristo, vosso Filho, na unidade do Espírito Santo. Amém.

SANTOS DOS DIAS

Janeiro

1. Maria mãe de Deus, Martinha, Odilão
2. Gregório Nazianzeno, Basílio Magno, Argeu
3. Cirino, Antero, Florêncio
4. Angela de Foligno, Caio, Hermes
5. Emiliana, Simeão Estilita, Eduardo
6. Jesus (Epifania), Reis Magos, André Corsino, Nilamão, Nilo
7. Raimundo Penafort, Luciano, Teodoro
8. Antônio de Categeró, Apolinário de Hierápolis, Severino, Teófilo
9. Félix, Marciana, Vidal
10. Nicanor, Gregório X, Guilherme, Gonçalo do Amarante
11. Teodósio, Sálvio, Honorata
12. Bernardo de Corleone, Modesto, Taciana
13. Verônica, Hilário de Poitiers, Leôncio

14. Odorico de Pordenone, Dácio, Ida
15. Isidoro de Alexandria, Miqueias, João Calibita
16. Marcelo, Berardo, Priscila
17. Antão, Mariano, Leonila
18. Prisca, Liberato, Amâncio
19. Mário, Júlio, Canuto
20. Sebastião, Fabiano, Mauro de Cesena
21. Inês, Frutuoso, Epifânio
22. Vicente de Espanha, Vítor, Caudêncio, Vicente Palotti
23. Ildefonso, Áquila, Severiano
24. Francisco de Sales, Feliciano da Úmbria, Urbano
25. Paulo de Tarso (conversão), Juventino, Apolo
26. Tito, Timóteo, Paula
27. Mauro de Gália, Ângela de Mérici, Julião de Mans
28. Tomás de Aquino, Leônidas, Pedro Nolasco
29. Constâncio, Aquilino, Bambina
30. Jacinta Mariscott, Barsimeu, Savina
31. João Bosco, Luísa Albertoni, Marcela

Fevereiro

1. Veridiana, Severo, Henrique Morse
2. Jesus (Apresentação), Nossa Senhora das Candeias, Joana de Lestonac, Catarina de Ricci, Feliciano de Roma

3. Brás de Sebaste, Celerina, Oscar
4. Joana de Valois, Remberto, José de Leonissa
5. Ágata (Águeda), Genuíno, Adelaide Villich
6. Nossa Senhora do Desterro, Paulo Miki e companheiros, Doroteia, Gastão
7. Ricardo da Toscana, Coleta, Eugênia Smet
8. Jerônimo Emiliani, Juvêncio, Ciríaco
9. Apolônia, Donato, Alexandre de Roma
10. Escolástica, Silvana, Guilherme de Maleval
11. Nossa Senhora de Lourdes, Lúcio, Pascoal I
12. Eulália, Etevaldo, Antônio de Constantinopla
13. Estêvão de Rieti, Benigno, Ermelinda
14. Valentim, Cirilo, Metódio
15. Jovita, Geórgia, José de Antióquia
16. Daniel, Elias, Jeremias, Gilberto de Sempringham
17. Reginaldo de Orleans, Rômulo, Silvino
18. Cláudio, Flaviano, Heládio
19. Álvaro de Córdova, Conrado de Placença, Gabino
20. Leão de Catânia, Eleutério, Zenóbio
21. Pedro Damião, Sérvulo, Fortunato
22. Pedro (Cátedra), Abílio, Lineu, Maximiano
23. Policarpo, Sereno, Romano
24. Edilberto, Sérgio, Montano
25. Cesário de Nazianzo, Hereno, Vítor
26. Deodoro, Nestor, Porfírio
27. Valdomiro, Leandro, Procópio, Besas
28. Justo, Serapião, Romão

Março

1. Eudócia, Adriano de Marselha, Albino
2. Inês da Boêmia, Januária, Jovino
3. Márcia, Marino, Lucíolo
4. Casimiro, Eugênio, Arcádio
5. Virgílio de Arles, Eusébio, João da Cruz, Domingos Sávio
6. Vitorino, Olegário, Rosa, Marciano, Cônon
7. Perpétua, Felicidade, Saturnino
8. João de Deus, Filêmon, Herênia
9. Francisca Romana, Catarina de Bolonha, Cândido
10. Simplício, Dinis, Crescêncio
11. Constantino, Zózimo, Firmino
12. Gregório I, Bernardo de Cápua, Inocêncio I
13. Modesta, Rodrigo, Cristina
14. Matilde, Afrodísio, Eutíquio
15. Longino, Luísa de Marillac, Lucrécio
16. Antônio Daniel, Carlos Garnier, Taciano
17. Patrício da Irlanda, José de Arimateia, Paulo de Constantinopla
18. Cirilo de Jerusalém, Narciso, Cristiano
19. José, Quintila, Apolônio
20. Alexandra, Teodósio, Martinho de Braga
21. Santúcia, Berilo, Lupicínio
22. Leia, Otaviano, Nicolau de Flue

23. Domício, Turíbio, Fidélis
24. Adelmar, Diogo de Cádiz, Catarina da Suécia
25. Anunciação do Senhor, Dimas, Desidério, Lúcia, Quirino
26. Bráulio, Emanuel, Marciano
27. Lídia, Lázaro da Pérsia, Guilherme Tempier
28. Castor, Guntrano, Malco
29. Jonas, Secundo, Eustáquio
30. Domino, Régulo, João Clímaco
31. Benedito, Benjamim, Balbina, Cornélia

Abril

1. Teodora, Ludovico Pavoni, Hugo de Grenoble
2. Francisco de Paula, Maria do Egito, Leopoldo de Gaiche
3. Gandolfo, Sisto I, Irene
4. Isidoro de Sevilha, Platão monge, Pedro de Poitiers
5. Vicente Ferrer, Catarina Tomás, Zeno
6. Diógenes, Catarina de Pallanza, Celestino
7. Ursulina, João Batista de la Salle, Guilherme de Schicli
8. Edésio, Valter de Pontoise, Máxima
9. Maria de Cléofas, Demétrio, Acácio
10. Pompeu, Ezequiel, Miguel dos Santos
11. Nossa Senhora dos Prazeres, Estanislau de Cracóvia, Isaac Galgani, Gemma Galgani

12. Sabas o godo, Ângelo de Chivasso, Júlio I
13. Martinho I, Márcio, Quintiliano
14. Domina, Próculo, Lamberto
15. Anastácia, Vitoriano, Eutiques
16. Júlia, Calisto de Corinto, Marçal
17. Aniceto, Roberto abade, Hermógenes
18. Faustino, Caldino, Maria da Encarnação
19. Expedito, Sócrates, Gálata
20. Marcelino de Embrun, Antonino, Sulpício
21. Anselmo, Conrado de Parzão, Sílvio
22. Sotero, Bartolomeu de Cervere, Miles
23. Jorge, Adalberto de Praga, Egídio de Assis
24. Fidélis de Sigmaringa, Honório, Maria Eufrásia
25. Marcos, Evódio, Calista
26. Nossa Senhora do Bom Conselho, Lucídio, Exuperância, Clarêncio
27. Zita, Tertuliano, João abade
28. Pedro Chanel, Luquésio, Valéria, Luís Maria Grignion de Monfort
29. Catarina de Siena, Pedro de Verona, Antônia
30. Pio V, Sofia, Hildegarda, Lourenço de Novara

Maio

1. José operário, Grata, Peregrino
2. Atanásio, Zoé, Germano
3. Tiago menor, Filipe, Maura

4. Pelágia, Floriano, Gregório de Venucchio, Zeferino Malla
5. Joviniano, Niceto, Silvano
6. Heliodoro, Benta, Idelberto
7. Flávia Domitila, Augusto, Juvenal
8. Bonifácio IV, Desiderato, Agácio
9. Pacômio, Hermas, Gerôncio
10. Nazário, Solange, Blanda, Damião de Molokai
11. Inácio de Láconi, Iluminato, Alberto de Bérgamo
12. Nereu, Pancrácio, Aquiles, Leopoldo Mandic
13. Nossa Senhora de Fátima, Glicéria, Júlia Billiart
14. Matias, Madalena de Canossa, Petronila Moncel
15. Cássia, Dionísia, Torquato
16. João Nepomuceno, Honorato, Margarida de Cortona
17. Pascoal Bailão, Basília, Bruno de Wurzburg
18. João I, Cláudia, Félix de Cantalício, Leonardo Murialdo
19. Prudenciana, Ivo, Crispim de Viterbo
20. Bernardino de Siena, Austregésilo, Columbano de Rieti
21. Benvenuto, Valente, Sinésio
22. Rita de Cássia, Casto, Quitéria
23. Epitácio, João Batista Rossi, Miguel de Sínada
24. Nossa Senhora Auxílio dos Cristãos, Domiciano, Davi da Escócia, Rogaciano, Sara dos ciganos
25. Gregório VII, Madalena de Pazzi, Beda

26. Nossa Senhora de Caravaggio, Filipe Néri, Maria Ana, Eva de Liége
27. Agostinho de Cantuária, Ranulfo, Melângela
28. Bernardo de Novara, Margarida Pole, Emílio
29. Sisínio, Maximino, Cirilo de Cesareia
30. Joana d'Arc, Félix, Batista Varani, Fernando III
31. Nossa Senhora (Visitação), Câncio, Petronila, Pascácio

Junho

1. Justino, Cândida, Herculano de Piegaro
2. Erasmo, Marcelino, Blandina, Pedro
3. Carlos Lwanga e companheiros, Clotilde, Olívia
4. Saturnina, Daciano, Quintino
5. Bonifácio, Círia, Fernando de Portugal
6. Norberto, Paulina, Marcelino de Champagnat
7. Pedro de Córdova, Antônio Gianelli, Ana de S. Bartolomeu
8. Efrém, Salustiano, Clodolfo
9. José de Anchieta, Ricardo de Andria
10. Getúlio, Luciliano, Itamar
11. Barnabé, Parísio, Paula Frassineti
12. Onofre, Olímpio, Iolanda
13. Antônio de Pádua, Aquilina
14. Eliseu, Rufino, Digna
15. Vito, Líbia, Germana

16. Julita, Aureliano, Beno
17. Ismael, Manuel, Rainier
18. Amando de Bordéus, Isabel da Alemanha, Marina
19. Gervásio, Protásio, Romualdo, Juliana Falconieri
20. Florentina, Miquelina de Pesaro, Silvério
21. Luís Gonzaga, Albano, Demétrio
22. Tomás More, Paulino de Nola, João Fischer
23. Agripina, José Cafasso, Edeltrudes
24. João Batista, Fausto, Firmo
25. Luano, Adalberto, Próspero
26. João dos godos, Perseveranda, Antelmo
27. Cirilo de Alexandria, Madalena Fontaine, Ladislau
28. Irineu, Argemiro, Vicência
29. Pedro, Paulo, Judite, Anastácio, Ema
30. Protomártires de Roma, Luciana, Basilides, Teobaldo

Julho

1. Teodorico, Domiciano, Aarão
2. Oto de Bomberg, Pedro de Luxemburgo, Monegundes
3. Tomé, Leão II, Anatólio
4. André de Creta, Oseias, Isabel de Portugal
5. Antônio Maria Zaccaria, Filomena, Agatão
6. Maria Goretti, Isaías, Domingas

7. Félix de Nantes, Vilibaldo, Ilídio
8. Nossa Senhora das Graças, Adriano III, Gregório Grassi, Raimundo de Toulouse, Procópio
9. Madre Paulina, Anatólia, Everilda, Nicolau Puck
10. Maurício, Verônica Giuliani, Francisco Masabki, Rafael Masabki, Francisco, Abdul Muti
11. Bento abade, Olga, Olivério Plunket
12. João Wall, João Jones, Epifânia
13. Angelina de Marsciano, Henrique I, Joel
14. Camilo de Lélis, Gaspar de Bene, Francisco Solano
15. Boaventura, Rosália, Justa
16. Nossa Senhora do Carmo, Maria Madalena Postel, Vitalino, Hilarino
17. Aleixo, Inácio de Azevedo e companheiros, Marcelina
18. Frederico de Utrecht, Arnolfo, Estácio
19. Arsênio, Adolfo, Áurea
20. Aurélio de Cartago, Paulo de Espanha, Severa
21. João da Síria, Praxedes, Lourenço de Bríndisi
22. Maria Madalena, Felipe Evans, José da Palestina
23. Erondina, Rômula, Brígida da Suécia
24. Luísa de Saboia, Niceta, Ursino
25. Cristóvão, Tiago maior, Valentina
26. Ana, Joaquim, Pastor
27. Nossa Senhora do Perpétuo Socorro, Natália, Aurélio de Córdova, Maria Madalena Martinengo, Pantaleão

28. Eustádio, Sansão, Décio
29. Marta, Beatriz de Roma, Olavo
30. Everaldo, Pedro Crisólogo, Julita
31. Inácio de Loyola, Fábio, Demócrito

Agosto

1. Afonso Maria de Ligório, Esperança, Caridade
2. Eusébio de Vercelli, Teodata, Pedro Julião Eymard, Máximo
3. Nicodemos, Germano de Auxerre, Gamaliel
4. Lugaido, Iá, João Maria Vianney
5. Nossa Senhora das Neves, Cassiano, Emídio, Osvaldo
6. Jesus (Transfiguração), Magno, Agapito, Felicíssimo
7. Caetano, Sixto II e companheiros, Vitrício
8. Domingos, Miro, Emiliano
9. Nateu, Rústico, Teresa B. da Cruz
10. Lourenço, Mercês, Deusdedit
11. Clara de Assis, Lélia, Susana
12. Graciliano, Hilária, Felicíssima
13. Hipólito, Ponciano
14. Eberaldo, Atanásia, Maximiliano Kolbe
15. Nossa Senhora da Glória (Assunção), Jacinto, Alípio, Tarcísio
16. Roque, Estêvão da Hungria, Alsácio
17. Servo, Beatriz da Silva, Mamede
18. Helena, Lauro, Polieno, Ângelo d'Agostini

19. Sixto III, Luís de Toulouse, João Eudes
20. Bernardo de Clerval, Samuel, Felisberto
21. Ciríaca, Humbelina, Pio X
22. Nossa Senhora Rainha, Felipe Benício, André de Fiésole, Fabriciano
23. Rosa de Lima, Tiago de Bevagna, Zaqueu
24. Bartolomeu, Emília, Maria Micaela
25. Luís IX de França, José Calazans, Patrícia
26. Nossa Senhora dos Prazeres, Zeferino, Joana Isabel, Isabel Richier
27. Eulália, Mônica, Antusa menor
28. Agostinho, Viviano, João III
29. Sabina, Niceias, Hipácio
30. Adauto, Gaudêncio, Rosa de Santa Maria
31. Aristides, Amado, Raimundo Nonato

Setembro

1. Terenciano, Vitorio, Josué
2. Apolinário, Severino Giraud, João Francisco Burté
3. Gregório magno, Basilissa, Aristeu
4. Vitalício, Moisés, Rosa de Viterbo
5. Eudócio, Bertino, Justiniano
6. Ledo, Beltrão, Mansueto
7. Regina, Clodoaldo, João de Nicomédia
8. Nossa Senhora (Natividade), Tomás Vilanova, Adriano, Nestor

9. Tibúrcio, Cirano, Pedro Claver
10. Cândida menor, Jáder, Sóstenes
11. Diomedes, João Gabriel, Dídimo
12. Silésio, Guido Anderlecht, Vitória Fornari
13. João Crisóstomo, Ligório, Maurílio
14. Santa Cruz (Exaltação), Noteburga, Materno, Rósula
15. Nossa Senhora das Dores, Nicomedes, Catarina de Gênova
16. Cipriano de Cartago, Cornélio, Edite
17. Roberto Belarmino, Hildegardes, Colomba
18. Metódio do Olimpo, Ricarda, José Cupertino
19. Nossa Senhora da Salette, Afonso de Orozco, Constância, Januário (Gennaro)
20. André Kim e companheiros, Francisco Maria, Paulo Chong Hasang
21. Mateus, Ifigênia, Maura de Troyes
22. Emerano, Focas, Santino
23. Tecla de Icônio, Helena de Bolonha, Lino
24. Nossa Senhora das Mercês, Pacífico, Germaro, Geraldo de Csanad
25. Cléofas, Vicente Stambi, Aurélia
26. Cosme, Damião, Eleazar de Sabren
27. Vicente de Paulo, Florentino, Fidêncio
28. Lourenço Ruiz e companheiros, Eustóquia, Venceslau
29. Miguel, Gabriel, Rafael
30. Jerônimo, Gregório, Simão de Crépu

Outubro

1. Teresinha, Veríssimo, Milor
2. Anjos da Guarda, Custódio, Domingos Spadafora, Leodegário
3. Maria Josefa, Geraldo de Brogne, André de Soveral, Ambrósio Francisco e companheiros
4. Francisco de Assis, Petrônio, Amônio
5. Flávia, Meinolfo
6. Bruno, Erotides, Maria Francisca
7. Nossa Senhora do Rosário, Helano, Osita, Mateus de Mântua
8. Taís, Reparata, Lourença
9. Dionísio, João Leonardi, Públia
10. Paulino de York, Francisco de Bórgia, Gereão, Daniel Comboni
11. Jaime, Alexandre Saulo, Zenaide
12. Nossa Senhora Aparecida, Nossa Senhora do Pilar, Nossa Senhora de Nazaré, Serafim, Edvino
13. Venâncio, Celidônia, Geraldo de Aurillac
14. Evaristo, Fortunata, Calisto I
15. Teresa de Ávila, Tecla de Kitzingen, Eutímio
16. Edwiges, Margarida Maria Alacoque, Geraldo Magela
17. Serafino, Notelmo, Inácio de Antióquia
18. Lucas, Renato, Cirila
19. Paulo da Cruz, Isaac Jogues, João de Brébeuf e companheiros, Pedro de Alcântara, Laura

Poderoso Livro de Orações

20. Íria, Contardo Ferrini, Artêmio
21. Dásio, Celina, Úrsula
22. Melânio, Maria Salomé, Josefina Leroux
23. Vero, João Bondoso, João Capistrano
24. Evergílio, Antônio Maria Claret, Marglório
25. Frei Galvão, Crispim, Crispiniano, Baltasar de Chiavari
26. Nossa Senhora Mãe da Divina Graça, Flório, Boaventura de Potenza, Damião de Finaro
27. Odrano, Frumêncio, Vicente de Ávila
28. Judas Tadeu, Simão, Faro
29. Colmano, Abraão de Rostov, Narciso de Jerusalém
30. Zenóbia, Lupércio, Geraldo de Potenza
31. Antônio de Milão, Afonso de Palma, Foilano

Novembro

1. Todos os santos, Tiago da Pérsia, Licínio, Maria escrava
2. Finados, Tomás de Walen, Tobias, Pápias
3. Malaquias, Sílvia, Martinho de Lima
4. Claro, Vital, Carlos Borromeu
5. Isabel, Zacarias, Galácio, Guido M. Conforti
6. Ático, Leonardo de Limoges, Demetriano
7. Amaranto, Pedro de Ruffia, Carina
8. Nossa Senhora Medianeira, Godofredo, Deodato, João Duns Scoto

9. Orestes, Salvador, Jorge Napper
10. Leão Magno, Florência, Ninfa
11. Martinho de Tours, Mena, Verano
12. Josafá, Livino, Cuniberto
13. Diogo de Alcalá, Eugênio de Toledo, Diego
14. Filomeno, Veneranda, Nicolau Tavelic
15. Alberto Magno, Fidenciano, João Licci
16. Margarida da Escócia, Elpídio, Gertrudes
17. Alfeu, Vitória, Isabel da Hungria
18. Odo de Cluny, Maudez, Salomé de Cracóvia
19. Roque Gonzales e companheiros, João del Castilho, Afonso Rodrigues
20. Edmundo, Otávio, Ambrósio de Carmáldoli
21. Nossa Senhora (Apresentação); Alberto de Louvaine, Celso, Gelásio I
22. Cecília, Pragmácio, Áfia
23. Dia mundial de Ação de Graças (Igreja Católica), Lucrécia, Columbano, Clemente I
24. André Dung-Lac e companheiros, Porciano, Crisógono
25. Catarina de Alexandria, Jocunda, Mercúrio
26. Leonardo de Porto-Maurício, Belina, Conrado
27. Nossa Senhora da Medalha Milagrosa, Valeriano, Bernardino de Fossa, Francisco Antônio
28. Estêvão menor, Tiago de Marcas, José Pignatelli, Maria Helena Stollenwerk
29. Brás de Véroli, Iluminata, Paramão
30. André, Troiano, Justina

Dezembro

1. Elói (Elígio), Cândida de Roma, Naum
2. Mariana, Bibiana, Crisólogo
3. Francisco Xavier, Birino, Sofonias
4. Bárbara, João Damasceno, Bernardo de Parma
5. Dalmácio, Nicécio, Crispina
6. Nicolau, Leôncia, Pedro Pascácio
7. Ambrósio de Milão, Eutiquiano, Fara
8. Imaculada Conceição de Maria, Lucila, Romário
9. Basiano, Leocádia, Gorgônia
10. Joana Francisca de Chantal, Gregório III, Melquíades
11. Dâmaso I, Juan Diego, Hugolino Magalotti, Pedro de Siena
12. Nossa Senhora de Guadalupe, Vicelino, Maxêncio, Cury
13. Luzia, Otília, João Marimoni
14. João da Cruz, Esperidião, Agnelo
15. Ninon, Paulo de Latros, Cristiana
16. Albina, Ananias, Misael
17. Lázaro, João da Mata, Olímpia, Vivina
18. Flamano, Rufo, Basiliano
19. Dário, Teia, Paulino
20. Íngenes, Tolomeu, Domingos de Silos
21. Glicério, Temístocles, Pedro Canísio
22. Floro, Ciremão, Francisca Cabrini

23. João Câncio, Mardônio, Euniciano
24. Irmina, Delfim, Tarsila
25. Jesus (Natividade), Anastácia, Jacó de Todi, Mártires de Nicomédia
26. Estêvão, Vivência, Arquelau
27. João Evangelista, Fabíola, Teófanes
28. Santos Inocentes, Teófila, Damião, Antônio de Lérins
29. Primiano, Tomás Beckett, Segundo
30. Anísia, Sabino, Libério
31. Silvestre I, Catarina Labouré, Melânia

Este livro foi composto nas tipologias ZapfHummnst Bt, corpo 12/14,4
para o texto, Alex-Antiqua-Book, corpo 14/17 para os títulos
e Geographic Symbols e Wingdings para os marcadores.
O papel de miolo é offset 75 g/m², e o de capa cartão 250 g/m².
Foi impresso nas Gráfica Vozes, em Petrópolis, em agosto de 2020.